经济学数字化学习教程系

宏观经济学
数字化学习教程

谢申祥　张远超　主　编

齐　杨　朱世英　初佳颖　李　佳　副主编

中国财经出版传媒集团

经济科学出版社

Economic Science Press

图书在版编目（CIP）数据

宏观经济学数字化学习教程/谢申祥，张远超主编
. --北京：经济科学出版社，2022.3
经济学数字化学习教程系列
ISBN 978 - 7 - 5218 - 3477 - 2

Ⅰ.①宏…　Ⅱ.①谢…②张…　Ⅲ.①宏观经济学 -
高等学校 - 教材　Ⅳ.①F015

中国版本图书馆 CIP 数据核字（2022）第 042294 号

责任编辑：陈赫男
责任校对：蒋子明
责任印制：范　艳

宏观经济学数字化学习教程
主　编　谢申祥　张远超
副主编　齐　杨　朱世英　初佳颖　李　佳
经济科学出版社出版、发行　新华书店经销
社址：北京市海淀区阜成路甲 28 号　邮编：100142
总编部电话：010 - 88191217　发行部电话：010 - 88191522
网址：www. esp. com. cn
电子邮箱：esp@ esp. com. cn
天猫网店：经济科学出版社旗舰店
网址：http://jjkxcbs. tmall. com
北京密兴印刷有限公司印装
787 × 1092　16 开　10.5 印张　200000 字
2022 年 8 月第 1 版　2022 年 8 月第 1 次印刷
ISBN 978 - 7 - 5218 - 3477 - 2　定价：43.00 元
（图书出现印装问题，本社负责调换。电话：010 - 88191510）
（版权所有　侵权必究　打击盗版　举报热线：010 - 88191661
QQ：2242791300　营销中心电话：010 - 88191537
电子邮箱：dbts@ esp. com. cn）

经济学数字化学习教程丛书编委会

总 序

　　改革开放以来，随着经济社会的发展，中国经济学的教育、教学取得了长足的进步，涌现出不少优秀的经济学教材，大大推动了经济学在中国的传播、普及和发展。但近年来，随着现代化建设的迅猛发展和教学方法、教学手段的不断创新，尤其是数字化时代的到来，经济学的教育、教学也面临新的挑战。

　　一是教育思想、教育观念已经发生了重大转变，更加重视素质教育，强调训练学生的经济学直觉，培养学生的辩证性思维能力，使之能够运用经济学的研究方法观察、分析和解释现实生活中的经济现象和问题，这就要求教师的教学要向深度开掘，具有前沿性和前瞻性。但对于初学者而言，经济学类课程的理论性比较强，内容也比较抽象，自主学习中往往不能准确地把握具体的概念和原理，系统地形成清晰的知识框架体系，而相关的教辅类教材目前市面上还比较少。二是现代化教学手段、教学模式的广泛应用，尤其是数字化时代的来临，在给教育、教学提供了空前的便利与支持的同时，也给教与学的模式带来了革命性的挑战，过去以教师为中心的传统的单向传播式的教学模式将逐渐过渡为现代的交互式的教学模式，学生的学习也由被动学习变为主动自主学习，这就对教材的编写提出了新的要求。

　　面对这些挑战，为了辅助学生的自主学习，协助学生构建自己的知识体系，我们在认真调研高等学校经管专业本科培养方案和课程教学大纲的基础上，组织长期在一线从事经济学教学和科研的学术带头人、教学名师，结合自身多年的教学经验和教学感悟，通过融入数字化技术编写了这一套集内容、视频讲解和配套练习三位一体的经济学教辅类教材，以期能在教师的教与学生的学之间真正架起一座桥梁，帮助学生理解经济学基本原理的含义、夯实经济学理论基础，有效促进教学互动、教学相长。

这套学习教程涵盖了经济学专业所有的基础课、主干课、核心课，包括《马克思主义政治经济学概论数字化学习教程》《微观经济学数字化学习教程》《宏观经济学数字化学习教程》等共 10 本。通过该系列教程的学习，学生可以理解经济学的发展演变规律，掌握经济学的基础理论，提升经济思维能力，从而打下厚实的经济学理论功底。

这套学习教程的编写特色主要体现在：第一，形式新颖，集简明扼要的概括、深入透彻的解析和形象化的视频为一体，不仅首次增加"视频讲解"内容，通过扫码观看视频将课堂教学直接呈现在教材中，还采用结构式描述的方法（即知识点加解读的方式）对相关理论进行介绍，使其易懂、易学、易记。第二，定位明确，强调基础知识、基本理论、基本技能，同时充分吸收国内外优秀教材的优点，做到内容简明扼要、条理清晰、便于自学。第三，每一个知识点均有同步配套的练习及讲解，每一章也安排了本章习题及详细的分析解答，有助于学生消化和掌握所学的内容，深化对理论的理解。

在新的历史时期，我们希望通过这套数字化学习教程的出版，为进一步提高经济学教学质量、为中国经济学教学的改革和发展贡献一份力量。

经济学数字化学习教程丛书编委会

前　言

　　宏观经济学是高等院校经济类和管理类专业的基础课，也是许多经济及其相关专业硕士研究生入学考试的必考课程。宏观经济学课程着眼于国民经济的总量分析，主要研究一个经济体总体经济的运行状态以及政府所采用的经济政策如何影响整体经济的运行。其所介绍的现代经济学的基本概念、原理和经济分析方法，为其他财经类专业课程的学习提供了必备的知识和工具。但由于宏观经济学的各种理论流派庞杂，内容相对抽象，理论性较强，需要学生具备较高的理论与实践相结合的分析概括能力，对初学者来说具有一定的难度。为了帮助学生更好地理解和掌握宏观经济学的基本理论和分析问题的方法，我们以马克思主义理论研究和建设工程重点教材《西方经济学》中的宏观经济学部分为蓝本，在结合近几年线上、线下混合教学改革和课程思政教学改革实践的基础上，通过融入数字化技术编写此书。

　　本书打通了课前预习、课堂学习和课后复习各环节，以简明扼要的概括、深入透彻的解析和形象化的视频构造了一个集内容、视频讲解和配套练习三位一体的特色教材，力求在把重点概念讲清讲透的基础上，引导学生理解经济学基本原理的含义，提高其运用理论进行分析的能力。本书具有以下主要特点：一是首次增加"视频讲解"，通过扫码观看视频将课堂教学直接呈现在教材中，不仅利于学生的反复学习，还能激发其学习兴趣。二是采用结构式描述（即知识点加解读的方式）重塑教材原有的内容，使其易读、易懂、易学、易记。三是同步配套知识点练习与本章习题，使学用结合，有效提升学生的学习效果。

　　本书以目前国内各高校广泛使用的《西方经济学》教

材中的宏观经济学部分为线索，共分为八章。每章包括三大部分：第一部分包括学习目标、本章概要和本章知识逻辑结构图，对本章在全书中的地位、主要内容、关键的知识点和内在的逻辑结构进行介绍，帮助学生对本章有一个总体的认识；第二部分是各章具体的内容，对每一节的知识点进行归纳整理、视频讲解、要点解读并提供配套练习，帮助学生深入理解和掌握有关的概念、原理；第三部分不仅安排了本章习题，还提供了详细的分析和解答，帮助学生巩固和提高对本章相关知识的掌握。

本书既可作为高等院校学生学习宏观经济学课程的配套教材，也适合参加经济类研究生入学考试的学生复习之用，而且对从事经济学教学、研究的老师也具有一定的参考价值。本书由山东财经大学、江西财经大学、聊城大学、山东师范大学等学校长期从事宏观经济学教学的教师编写。谢申祥、张远超担任主编，齐杨、朱世英、初佳颖、李佳担任副主编，具体分工如下：书稿部分：第一章由齐杨、谢申祥编写，第二章由初佳颖、高建刚编写，第三章由李佳、王晓编写，第四章由齐行祥、行怀勇编写，第五章由孙丽、孟莹编写，第六章由王明雁、张远超编写，第七章由朱世英、裘莹编写，第八章由刘元雷、李剑编写；视频部分：第一章由谢申祥、邢宏健录制，第二章由初佳颖录制，第三章由朱世英录制，第四章由王谦录制，第五章由张远超录制，第六章由张远超录制，第七章由朱世英录制，第八章由邢宏健录制。

本书在编写过程中参考了大量的国内外知名教材、笔记讲义和习题集，还参考了一些考试培训机构的辅导资料和部分高校的考试、考研题库，在此一并表示感谢。此外，经济科学出版社为本书的出版作出了极大的努力，不仅参与了最初的策划，还对本书的出版一直寄予厚望，并提出了许多建设性意见。由于时间紧迫，囿于水平，书中难免有纰漏之处，恳请同行及读者斧正。

编　者

2021 年 12 月 29 日

目　录

第一章
宏观经济的基本指标
及其衡量

学习目标

通过本章的学习，学生应理解：

- GDP 的概念及其三种核算方式
- 名义 GDP 和实际 GDP 的区别
- 价格水平和价格指数的概念
- 通货膨胀的概念和计算方法
- 失业的基本概念及计算
- 摩擦性失业和结构性失业
- 充分就业和自然失业率

本章概要

本章主要的目的是在对宏观经济进行衡量时定义和介绍一些最基本的概念和指标，主要涉及三个指标，即总产出、总价格水平和总体就业水平（或失业水平）。

本章知识逻辑结构图

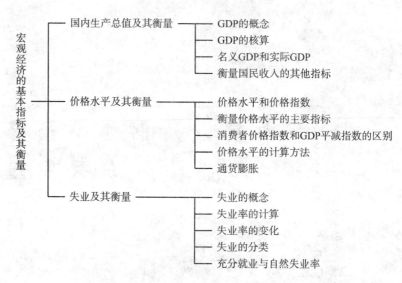

GDP 的含义

习题

第一节　国内生产总值及其衡量

在宏观经济学的众多概念中，最重要的指标当属国内生产总值（GDP）。这个指标不仅与经济增长和经济周期等宏观经济学的概念有关，而且可以帮助政策制定者判断宏观经济运行的状态，当人们关注一国经济发展水平时，往往会考虑这一指标。

一、GDP 的含义

国内生产总值（GDP）是指一个国家或地区在一定时期内生产的全部最终产品和服务的市场价值的总和。

【知识点解析】

GDP 衡量的是一国或地区境内一定时期生产的所有最终产品与服务的市场价值。它不仅可以反映经济增长与宏观经济运行状况，还可以作为国家间横向比较经济状况的指标，或同一国家纵向比较不同时期经济状况的依据。因此 GDP 是观测一个国家经济现实和历史发展的重要依据。要更好地理解国内生产总值的概念，需要注意以下几个方面。

第一，GDP 衡量的是市场价值，即用货币衡量各种最终产品的价值。GDP 表示的是用最终产品的单位价格乘以产量的加总之和。

第二，GDP 衡量的是一定时间内生产的最终产品和服务的价值。这个时间可以是 1 个月，也可以是 1 个季度，但一般的情况是 1 年。

第三，GDP 衡量的是一国或地区范围内生产的最终产品和服务。在某个国家或地区生产的最终产品，就要计入这个国家或地区的国内生产总值，不管生产这些产品的企业或个人属于哪个国家或地区。

第四，GDP 衡量的是最终产品和服务的市场价值。中间产品的市场价值在计算时不计入 GDP。

二、GDP 的衡量

一般来说，核算或衡量 GDP 的方法有三种：生产法（又称为增值法）、支出法和收入法。

下面详细介绍 GDP 核算的三种方法。

1. 生产法

用生产法核算 GDP，是从生产的角度衡量所有常住单位在核算期内新创造的价值之和。

【知识点解析】

使用生产法核算 GDP 时需要计算每一种产品、每一个生产环节的价值增加，因为产品种类繁多且计算过程烦琐，产品价值增加量在估计时也存在误差，因此 GDP 的准确性也会受到一定的影响。

2. 支出法

用支出法核算 GDP，是通过核算在一定时期内整个社会购买最终产品所花费的总支出，即最终产品的市场价格来计算 GDP。当一件最终产品被售卖出去的时候，它流向本国或外国。此过程可以包含消费、投资、政府购买和出口。因此，用支出法核算 GDP，只需要核算一个国家或地区在一定时期内的消费、投资、政府购买以及净出口这几方面的支出总和即可。

消费支出是居民在购买消费品和服务时的支出。需要注意的是，居民个人建造住宅和购买新房的支出属于投资支出，而不属于消费支出。

投资支出是企业和居民增加或更换资本资产的支出。投资包括固定资产投资和存货投资两大类。固定资产投资指新厂房、机器设备和住宅的购买。它可分为非住宅固定投资和住宅固定投资。非住宅固定投资是指用于经营活动的建筑物和设备方面的投资。住宅固定投资是指用于新住宅和公寓建筑的支出。存货投资是企业掌握的存货价值的变动。存货指的是处于生产过程中的产品和待出售的成品的存量，包

GDP 的衡量
——生产法

习题

GDP 的衡量
——支出法

括原材料、在制品和企业暂时持有的待售的产成品。存货投资可能是正值，也可能是负值，因为年末存货价值可能大于也可能小于年初存货价值。

政府购买支出可以分为两部分：一部分是各级政府购买物品和劳务的支出，如政府花钱设立法院、提供国防、建筑道路、开办学校等方面的支出；另一部分是政府转移支付。转移支付一般不计入 GDP，因为转移支付只是简单地把收入从一些人或一些组织转移到另一些人或另一些组织，没有相应的物品或劳务的交换发生。

净出口表示一国进出口之间的差额。因为进口表示收入流到国外，这部分收入没有用于购买本国产品，而出口则是收入从外国流入，用于购买本国产品。因此在用支出法核算 GDP 时，应当使用净出口。

把上述四个项目加总，用支出法计算 GDP 的公式如下：

国内生产总值（GDP）＝消费支出（C）＋投资支出（I）
＋政府购买支出（G）＋净出口（X－M）

【知识点解析】

用支出法核算 GDP 的一个前提是在经济中收入等于支出，但由于消费支出在转化为生产者收入时需要经过税收的调整，且投资支出中的固定资产投资并非完全被消耗，收入与支出并非完全一致，因此在用支出法进行 GDP 核算时也会存在一定的误差。

GDP 的衡量
——收入法

3. 收入法

收入法是用要素收入核算国内生产总值的方法。严格说来，最终产品的市场价值除了生产要素收入构成的成本，还包括间接税、折旧、公司未分配利润等内容，因此用收入法核算的国内生产总值应包括以下一些项目。

（1）工资、利息和租金等生产要素的报酬。工资包括所有对工作的酬金、津贴和福利费，也包括工资收入者必须缴纳的所得税及社会保险税。利息是指人们给企业提供货币资金得到的利息收入，如银行存款的利息、企业债券利息等。租金包括在一定时期内出租土地、房屋等资源或物品使用权所获得的租赁收入及专利、版权等收入。

（2）非公司企业主收入，指的是医生、律师、农民和小业主等个体从业者的收入。

（3）公司税前利润，包括公司所得税、社会保险税、股东红利以及公司未分配利润等。

（4）企业转移支付及企业间接税。这些虽然不是生产要素创造的收入，但会通过产品价格转嫁给消费者，所以一般也将其看作成本。企业转移支付包括对非营利组织的社会慈善捐款和消费者呆账，企业间接税包括货物税或销售税、周转税。

（5）资本折旧。它虽然不是要素收入，但是包括在应回收的投资成本中，故也应计入 GDP。

按照收入法计算得到的 GDP 应为：

GDP = 工资 + 利息 + 利润 + 租金 + 间接税和企业转移支付 + 折旧

【知识点解析】

用收入法核算 GDP 的前提是产出与收入相等。但在实际情况中存在最终产品价格中的固定资产折旧没有转化为收入的问题，以及工资中包括的所得税、社会保险税等没有计算在内的问题。因此，也导致收入法对 GDP 的核算会存在一定的误差。

三、名义 GDP 和实际 GDP

根据 GDP 的概念，GDP 是用货币来计算的，因此引起一国 GDP 变化的因素包括价格变动与生产水平变动两个方面，为了更准确地衡量国家或地区的生产水平，需要引入名义 GDP 与实际 GDP 的概念。

名义 GDP 是用生产产品和服务的当年价格计算的全部最终产品和服务的市场价值。本章在前面提及的 GDP 全部属于名义 GDP 的范畴。而实际 GDP 是选定某一时期作为基期，然后用基期的价格核算出某年所生产的全部最终产品和服务的市场价值总和。

名义 GDP 和
实际 GDP

习题

【知识点解读】

GDP 衡量的是经济中产品与服务总产出的价值，对于衡量当前社会经济福利状况有着重要的意义。但是 GDP 在衡量经济福利方面也存在不足，因此造成不同年份 GDP 变化的原因有两个：一是产量的变化；二是市场价格的变化。由于二者常常同时发生变动，这就使我们无法明确 GDP 的变动原因。因此将 GDP 区分为名义 GDP 与实际 GDP。

引入实际 GDP 的一个重要意义在于，在比较不同时期 GDP 的时候，如果选用相同的基期，那么由价格变动导致 GDP 变化的可能性就被排除了。在这种情况下，引起不同时期 GDP 变动的原因仅仅是产品产量的变动。从这个意义上讲，实际 GDP 在衡量不同年份经济福利状况变化时比名义 GDP 更加准确。

四、与 GDP 相关的一些经济指标

在核算国民收入的众多指标中，除了 GDP 这一重要指标，还有几个从其他不同角度对国民收入进行衡量的指标，如国民生产总值（GNP）、国内生产净值（NDP）、国民收入（NI）、个人收入（PI）、和个人可支配收入（PDI）等。

下面分别介绍几类指标的含义。

1. 国民生产总值（GNP）

与 GDP 相关的一些指标——国民生产总值

习题

国民生产总值是指一个国家或地区的全体国民在一定时期内所获得的全部要素收入的总和。国内生产总值与国民生产总值的区别在于：第一，国内生产总值强调的是生产或产出的概念，而国民生产总值强调的是收入的概念；第二，国内生产总值是一个地域概念，它在统计上遵循的是国土原则，凡是在本国领土范围内生产的最终产品的市场价值，都计入本国的国内生产总值，而不论在生产中所投入的生产要素是属于本国还是外国。而国民生产总值则是一个国民概念，它在统计上遵循的是国民原则，以公民的国籍为标准，凡是本国国民所获得的要素收入，不管它是从国内获得还是从国外获得，都要计入本国的国民生产总值。例如，中国公民在美国本土的企业工作，因其为中国公民而非美国公民，因此他取得的收入要计入中国的国民生产总值，而非美国的国民生产总值。但是，由于该公民在美国境内从事生产，因此他创造的价值要计入美国的国内生产总值，而非中国的国内生产总值。因此，一国的国民生产总值与国内生产总值的关系是：

GDP = 国民生产总值（GNP）+ 外国公民在本国获得的收入
       – 本国公民在国外获得的收入

如果将本国公民从国外获得的收入减去外国公民在本国获得的收入定义为国外要素所得净额（NFI），则有：

国内生产总值（GDP）= 国内生产总值（GNP）
                    – 国外要素所得净额（NFI）

【知识点解析】

国外要素所得净额可能为正，也可能为负。因为同一国家同一年度的国内生产总值可能大于国民生产总值，也可能小于国民生产总值。如果某国一定时期内的国民生产总值超过国内生产总值，说明该国公民在国外生产的最终产品的市场价值大于外国公民在该国生产的最终产品的市场价值，或者说该国公民在国外获得的收入大于外国公民在该国获得的收入。相反，如果国民生产总值小于国内生产总值，则说明情况正好相反。只有在绝对封闭经济的条件下，才会出现一国

的国民生产总值等于国内生产总值的情况。

由于要素收入国际流动数据的可靠性较差，国民生产总值较难统计，而国内生产总值则较易衡量，加上国内生产总值相对于国民生产总值来说，可以更好地衡量国内的就业状况和就业潜力，因此，大多数国家都用国内生产总值作为衡量经济总产出的基本指标。

2. 国内生产净值（NDP）

在核算 GDP 的过程中，所计算的最终产品价值并未扣去资本设备消耗的价值，如果从 GDP 中扣除资本折旧，得到的就是国民生产净值（NDP）。类似于国内生产总值与净值，投资中也有总投资与净投资的概念。总投资是一定时期内的全部投资，即建设的全部厂房设备和住宅等，而净投资是总投资中扣除了资本消耗或者说重置投资部分。

与 GDP 相关的
一些指标——
国内生产净值

3. 国民收入（NI）

这里的国民收入指按生产要素报酬计算的国民收入。从国内生产净值中扣除间接税和企业转移支付加政府补助金，就得到一国生产要素在一定时期内提供生产性服务所得报酬，即工资、利息、租金和利润总和意义上的国民收入。间接税和企业转移支付虽构成产品价格，但不成为要素收入，因此在核算国民收入时不计算在内；相反，政府给企业的补助金虽不列入产品价格，但成为要素收入，应当计入国民收入的范畴。

与 GDP 相关的
一些指标——
国民收入

4. 个人收入（PI）

国民收入并不会全部成为个人的收入。例如，公司利润收入中除去要缴纳公司所得税，还要留下一部分利润，只有一部分利润会以红利和股息的形式分给个人。职工收入中也有一部分要以社会保险费的形式上缴有关机构。另外，人们也会以各种形式从政府那里得到转移支付，如退伍军人津贴、工人失业救济金、职工养老金、职工困难补助等。因此，从国民收入中减去公司未分配利润、公司所得税及社会保险税（费），加上政府给个人的转移支付，得出的才是个人收入。

与 GDP 相关的
一些指标——
个人收入

5. 个人可支配收入（PDI）

个人收入不能全归个人支配，因为要缴纳个人所得税，税后的个人收入才是个人可支配收入，即人们可以自由选择消费或储蓄的收入。

与 GDP 相关的
一些指标——
个人可支配收入

【知识点解析】

与 GDP 类似，国内生产净值、国民收入、个人收入、个人可支配收入也是经常被用来衡量国民收入情况的指标，为了更好地了解每个指标的含义，需要对它们的含义与它们之间的关系进行介绍。

国内生产净值是由 GDP 推导得来的，相较于 GDP，国内生产净值在衡量最终产品市场价值的同时考虑到了折旧与消耗的因素，因此它促使人们在追求经济高增长率的同时考虑资源的使用与浪费的问题。它的计算公式为：

国内生产净值（NDP）＝国内生产总值（GDP）－折旧

国民收入（NI）是用来衡量一国一定时期内用于生产的生产要素所得到全部收入的指标，它可以由国内生产净值推导而来：

国民收入（NI）＝国民生产净值（NDP）－企业对外转移支付＋政府对企业转移支付

个人收入通常用来计算国民收入扣除掉保险费用、公司所得税等费用后个人可得的部分，其计算公式为：

个人收入（PI）＝国民收入（NI）－公司所得税－公司未分配利润－社会保险税＋政府、企业对个人的转移支付＋政府债券利息

个人收入并非全部可由个人支配，它需要经过税收的调整，因此常用个人可支配收入（PDI）衡量个人可以自由支配的收入，其计算公式为：

个人可支配收入（PDI）＝个人收入（PI）－个人纳税额

【本节应掌握知识点】
- GDP 的概念
- GDP 的三种核算方式
- 名义 GDP 和实际 GDP 的区别
- 衡量国民收入的其他几项指标

第二节 价格水平及其衡量

本节的内容说明了宏观经济运行状况中的第二个指标——通货膨胀。通货膨胀与居民福利和社会稳定息息相关，因而备受关注。通货膨胀不是单一商品及劳务价格的上升，而是指物价总水平的全面上涨。因而在介绍通货膨胀前，我们有必要先介绍一下价格水平及其有关概念和计算方法。

一组物品价格的
衡量问题

一、一组物品价格的衡量问题

价格是决定消费者需求量的重要因素。价格水平就是指经济体中特定范围内的产品和服务价格的总体平均水平。价格水平的变化可以

用价格指数来表述。价格指数是指同一组商品和服务价格在某一年的费用额同它在某一设定的基准年度（也称基期年，或简称基年）的费用额的比率。

习题

【知识点解析】

价格总额 = 数量 × 价格

$$价格指数 = \frac{现期价格总额}{基期价格总额} \times 100$$

二、衡量价格水平的主要指标

在宏观经济学中，常见的价格指数有三个：消费者价格指数（CPI）、生产者价格指数（PPI）和 GDP 平减指数。

衡量价格水平的
主要指标

（一）消费者价格指数（CPI）

消费价格指数（CPI），又称生活费用价格指数，指通过计算城市居民日常消费的生活用品和服务的价格水平变动而得到的指数。其计算公式如下：

$$CPI = \frac{现期价格下"一篮子商品"总额}{基期价格下"一篮子商品"总额} \times 100$$

$$= \frac{基期数量 \times 现期价格}{基期数量 \times 基期价格} \times 100①$$

习题

【知识点解析】

计算 CPI 时，基期和现期用的同"一篮子"商品。"一篮子"产品只是计算了对居民生活影响较大的一些商品，这些商品种类是固定的，且"一篮子"产品的权数也相对固定。因此，CPI 不能完全精确反映居民生活成本的变动。

（二）生产者价格指数（PPI）

生产者价格指数（PPI）是衡量工业企业产品出厂价格变动趋势和变动程度的指数，是反映某一时期生产领域价格变动情况的重要经济指标，也是制定有关经济政策和进行国民经济核算的重要依据。

【知识点解析】

从理论上讲，生产过程中面临的物价波动将反映至最终产品的价

---

① 在一些宏观经济学文献中，为了避免价格指数带有更多小数，常常在指数的表达式中乘上 100 来处理。

格上，因此观察 PPI 的变动情形将有助于预测未来物价的变化状况，因此 PPI 往往被当作实体经济景气程度的一个价格信号。

（三）GDP 平减指数

GDP 平减指数被定义为名义 GDP 与实际 GDP 的比率，反映了经济中总体价格水平发生的变动。这种指数用于修正名义 GDP 数值，从中去掉通胀因素，其统计对象包括所有计入 GDP 的最终产品和劳务。

用公式表示为：

$$GDP\ 平减指数 = \frac{名义\ GDP}{实际\ GDP} \times 100$$

【知识点解析】

GDP 平减指数具有一些缺陷：一是 GDP 平减指数反映的是国内生产的所有物品与劳务的价格，没有反映进口产品价格；二是 GDP 平减指数通常会低估生活质量的下降，GDP 平减指数虽然考虑到了一种产品价格的上涨可能使消费者使用替代品，但它不能反映这种替代可能影响消费者福利。

三、消费者价格指数和 GDP 平减指数的区别

消费者价格指数
和 GDP 平减
指数的区别

（1）GDP 平减指数衡量的是生产的全部最终产品与劳务的价格，而 CPI 衡量的是消费品价格水平，因而生产性物品（如原材料）价格上升会影响 GDP 折算指数，而不直接影响 CPI。

（2）GDP 平减指数只包括国内产品价格，进口产品价格不包含在内。因为居民也会购买进口消费品，进口产品价格的变动会影响 CPI。

（3）CPI 给各种价格分配固定权重，以便于不同时期的对比分析，但 GDP 平减指数给各种产品价格分配的权重是变动的。例如，某农产品今年严重歉收，CPI 计算时此产品权重不变，而 GDP 平减指数中它的权重下降了。

习题

【知识点解析】

CPI 和 GDP 平减指数在统计计算方法上的区别：在 CPI 中，计算的交易量都是基期的，价格有基期和现期之分。因此 CPI 是以基期数量计的加权价格指数，称为基期加权价格指数。但是，在 GDP 平减指数中，计算的数量是报告期的，价格仍旧有基期和报告期之分。因此，GDP 平减指数就是以报告期数量计的加权价格指数，称为计算

期加权价格指数。

CPI 和 GDP 平减指数虽然有差异，但是从宏观经济的角度看，因为统计商品数量较多，很多因素可以相互抵消，两个指数的变化率基本一致。

四、价格水平的计算方法

（一）拉氏指数

拉氏指数由德国人拉斯拜尔提出，又称拉氏价格指数或者拉斯拜尔指数。拉氏指数是以基期数量计算的加权价格指数。计算 CPI 通常采用的是拉氏指数。

$$L_P = \frac{\sum P_1 Q_0}{\sum P_0 Q_0}$$

L_P 表示拉氏价格指数，Q_0 表示基期交易量，P_0、P_1 分别表示基期和现期价格。

拉氏指数在衡量居民生活成本时有一定局限性。拉氏指数往往会夸大生活成本的上升，因为这一指数的交易量是固定的基期数量，没有考虑到一种产品价格上升时消费者会用便宜的产品进行替代。

价格水平的计算方法

习题

（二）帕氏指数

帕氏指数由德国人帕煦提出，又称帕氏价格指数或者帕煦公式。帕氏指数是以报告期数量为权数的价格指数。计算 GDP 平减数值通常采用的是帕氏指数。

$$P_P = \frac{\sum P_1 Q_1}{\sum P_0 Q_0}$$

P_P 表示帕氏价格指数，Q_1 表示基期交易量，P_0、Q_0 分别表示基期和现期价格。

帕氏指数在衡量居民生活成本时也有一定局限性。帕氏指数会低估生活质量的下降，因为这一指数的交易量是报告期交易量，虽然考虑到了一种产品价格上升时消费者可能会用相对便宜的产品进行替代，但这一指数不能反映这种替代可能影响消费者福利。

【知识点解析】

拉氏指数和帕氏指数优点不同：一是帕氏指数可以同时反映出价格和数量及其结构的变化，具有较明显的经济意义；二是拉氏指数的优点是用基期数量作权数可以消除权数变动对指数的影响，从而使不同时期的价格指数具有可比性。

五、通货膨胀

通货膨胀

通货膨胀是指一个经济体在一定时期内价格水平持续而普遍地上升。通货膨胀的程度是根据通货膨胀率来衡量的。通货膨胀率是从一个时期到另一个时期价格水平变化的百分比，公式如下：

$$\pi_t = \frac{P_t - P_{t-1}}{P_{t-1}} \times 100\%$$

其中，P_t 表示 t 时期的价格水平，P_{t-1} 表示 $t-1$ 时期的价格水平，π_t 表示 t 时期的通货膨胀率。式中的价格水平可以用 CPI 和 GDP 平减指数表示。

习题

【本节应掌握知识点】

● 价格水平和价格指数的概念
● 消费者价格指数，生产者价格指数和 GDP 平减指数的概念、计算方法以及相互关系
● 拉氏指数和帕氏指数的概念和评价
● 通货膨胀的概念和计算方法

第三节　失业及其衡量

失业的概念

本节的内容说明了经济状况中第三个方面的指标——失业。关注失业有两方面的原因：其一是失业是直接影响人们生活的宏观经济问题，它能告诉我们经济运行中某些重要方面；其二是失业会直接影响到失业者的福利水平。接下来我们介绍一些失业的基本内容，揭示失业的基本特征。

一、失业的概念

习题

一国的劳动力指标通常由该国的劳动统计部门提供。以美国为例，美国劳工统计局每个月都会对 6 万个左右的家庭进行随机抽样调查，把一定年龄阶段（通常为 16～65 周岁）的人口作为劳动年龄人口，将每个家庭的成年人分为三类，分别是就业者、失业者以及非劳动力。

其中，失业是指在某个年龄以上，在调查期内有劳动能力，正在

寻找工作而没有工作的人。

【知识点解读】

就业是愿意工作的人处于受雇用状态以及自我雇用状态。就业者分为工作者和非工作者，工作者指正处在受雇用状态或自我雇用工作状况的人，非工作者指在职但由于不可抗力因素而临时缺勤的人，如疾病、恶劣天气等。

失业者又分为被解雇者、自愿离职者、再次求职者和初次求职者。被解雇者是就业者中被工作单位解雇的人员；自愿离职者指就业人员中自动退出就业行列者；再次求职者指被解雇的和自愿离职的再次寻求工作的人员；初次求职者指包括刚成年的初次寻求工作的人。

非劳动力，指由于某些原因未能参加就业的成年人口，这一类人包括在校学生、全职家务者、退休人员等。同时当出现失业率很高的情况时，那些没有工作且放弃寻找工作的人，即丧失信心的工人，也不再计入劳动力中。

二、失业率的公式

劳动力人数被定义为就业者人数和失业者人数之和。假设 L 代表劳动力人数，N 代表就业人数，U 代表失业人数，则有：

$$L = N + U$$

劳动力参与率是劳动力占劳动年龄人口总数的百分比，即：

$$劳动力参与率 = \frac{劳动力人数}{劳动年龄人口数} \times 100\%$$

失业率是失业人数占劳动力人数的比例，以 u 代表失业率，则有：

$$u = \frac{U}{L} \times 100\%$$

失业率的公式

习题

【知识点解读】

考察一个经济体运行的一个重要方面是看其资源利用的情况。由于一个经济体最重要的资源是劳动力，所以就业（或失业）的状况就能大致反映资源利用状况。失业率旨在衡量闲置中的劳动产能，是反映一个国家或地区失业状况的主要指标。

失业率的计算是具有局限性的。首先，根据失业的定义，一个人被界定为失业必须符合两个条件：一是没有工作；二是正在找工作。其中第二个条件很难把握。目前只有登记过失业的工人才被失业部门认定为失业者，因此会存在失业率低估的情况。

失业率的变化

三、失业率的变化

失业率与经济增长紧密相关。失业率与经济增长率具有反向的对应变动关系，一般地，失业率在经济衰退期间上升，在经济复苏期间下降，由此失业数据的变动可以适当反映经济发展。

奥肯定律：一个国家的失业率与经济增长率反相关。根据奥肯定律，失业率每上升 1%，实际产出的增长一般减少 2%。奥肯定律的代数表达式为：

$$\frac{\Delta Y}{Y} = 3 - 2\Delta u$$

式中，$\Delta Y/Y$ 代表产出增长率，Δu 代表失业率相对于前一年的变化。

习题

失业率在不同人群之间的分布也存在着明显的差异。在美国，20 岁以下年轻人的失业率较高。黑人的失业率约为白人的两倍。最佳工作年龄（25～54 岁）的女性的劳动力参与率低于男性，但失业率与男性基本相同。[①]

【知识点解读】

经济中总是存在着某种失业，并且失业量逐年变动。失业率的波动反映了就业的波动情况。当就业率下降时，由于工人被解雇，失业率上升。

不同人群之间失业的差异。20 岁以下的失业者和其他失业者相比在性质上有一个显著的区别。前者比较多地倾向于短期失业，频繁地进入和退出劳动力队伍，老职工失业时间则会持续较长的时间。

考察劳动力中不同人群之间的失业率的差异，可以用总失业率与劳动力各组人群之间的关系来表明。在任何时候，都有一个既定的失业总水平，即总失业率。总失业率是不同人群组别之间失业率的加权平均：

$$u = w_1 u_1 + w_2 u_2 + \cdots + w_n u_n$$

其中，权数 w_i 代表特定组别人群在居民劳动力总数中所占的比重。

四、失业的类型

按照西方劳动经济学的传统分类，失业可以分为四种类型，即摩擦性失业、结构性失业、季节性失业和周期性失业。

失业的类型

① 资料来源：美国劳工统计局对 2012 年美国人口中不同群体的失业率与劳动参与率的统计。

摩擦性失业是由于寻找适合自己的工作需要时间，导致工人与工作相匹配的过程中所引起的失业。

结构性失业是由于劳动力市场的供给大于需求时，导致不能满足每个想工作的人都能得到工作岗位所引起的失业。

季节性失业是指由于季节性气候变化所导致的失业。

周期性失业是由于整体经济的支出和产出水平下降，即经济的需求下降而造成的失业。

【知识点解读】

实际上，在任何动态经济中，劳动供求双方对于市场的信息交流是不对称的。在缺乏完全信息的情况下，工人和企业都会付出一定的搜寻成本，当工人寻求通过改换工作来提高他们的经济福利时，总是存在一些摩擦性失业。摩擦性失业通常用来解释较短的失业持续时间，大约在 2~3 个月。

技术或经济结构变化导致特定地区或行业的就业机会减少，使得许多工作岗位被永久淘汰了，企业对劳动力数量和技能的需求也在不断地变化着，这样劳动市场的劳动需求量与供给量之间的不匹配需要花费较长时间，并带来较长的失业。结构性失业可以用来解释较长的失业持续时间。

季节性失业在一个经济体中总是存在的，是不可避免的，通常在冬季时增加，而在春夏时期减少。

周期性失业与经济衰退和扩张密切相关。在经济扩张时失业量明显减少，周期性失业率为负；在经济衰退时失业量急剧增多，周期性失业率为正。

五、充分就业和自然失业率

充分就业是宏观经济学中一个专业概念。根据以上的失业分类，当经济体中不存在周期性失业，所有失业都是摩擦性失业、结构性失业和季节性失业时，实际失业率等于自然失业率，此时经济体就达到了充分就业状态。在充分就业下的失业率也被称为自然失业率，那么实际失业率也可表述为：

$$实际失业率 = 自然失业率 + 周期性失业率$$

【知识点解读】

宏观经济学认为，经济社会在任何时期总存在一定比例的失业人口。为此，自然失业率被定义为经济社会在正常情况下的失业率，它是劳动市场处于供求稳定状态时的失业率。

充分就业和自然失业率

习题

【本节应掌握知识点】

- 失业的基本概念
- 失业率的计算
- 奥肯定律
- 摩擦性失业和结构性失业
- 充分就业和自然失业率

本章练习题

一、单项选择题

单项选择题解析

1. 宏观经济学的研究对象是（　　　）。
A. 社会总体的经济行为及其后果
B. 经济活动个体决策者的行为及其后果
C. 消费者或生产者个体利益最大化
D. 以上都对

2. 宏观经济学以（　　）为中心，被称为（　　）理论。
A. 国民收入，收入　　　　　　B. 价格，价格
C. 国民收入，价格　　　　　　D. 价格，收入

3. 国内生产总值是下列哪一项的市场价值？（　　　）
A. 一年内一个经济的所有交易
B. 一年内一个经济中交换的所有产品和劳务
C. 一年内一个经济中交换的所有最终产品
D. 一年内一个经济中生产的所有最终产品

4. 下列关系式错误的是（　　　）。
A. NDP = GDP − 折旧　　　　　B. NI = NDP − 企业间接税
C. DPI = PI − 个人所得税　　　D. NNP = GNP + 折旧

5. 净出口指的是（　　　）。
A. 出口减进口　　　　　　　　B. 进口减出口
C. 出口加出口　　　　　　　　D. GNP 减进口

6. 国民生产总值与国民生产净值之间的差别是（　　　）。
A. 直接税　　　　　　　　　　B. 折旧
C. 间接税　　　　　　　　　　D. 净出口

7. 当 GDP 平减指数上升，而实际 GDP 上升时，（　　　）。
A. 名义 GDP 上升　　　　　　B. 名义 GDP 下降
C. 名义 GDP 不变　　　　　　D. 以上都有可能

8. 下列哪项不会降低失业率？（　　　）

A. 失业人数减少

B. 就业人数减少，且劳动力人数同比减少

C. 就业人数增加

D. 放弃继续寻找工作的人数增加

9. 下列不是衡量通货膨胀的价格指数的是（　　　）。

A. 消费价格指数

B. 生产者价格指数

C. 行业景气指数

D. 国内生产总值平减指数

10. 关于消费价格指数的描述正确的是（　　　）。

A. 消费价格指数反映的是全部最终产品的价格

B. 消费价格指数不包括进口产品的价格

C. 消费价格指数包括生产性物品的价格

D. 消费价格指数给各种价格分配固定权重

二、多项选择题

1. 宏观经济运行中可能出现的主要经济问题有（　　　）。

A. 经济波动　　　　　　B. 失业

C. 通货膨胀　　　　　　D. 经济增长问题

多项选择题解析

2. 测度宏观经济运行的重要指标有（　　　）。

A. 国民收入增长率　　　B. 失业率

C. 物价水平　　　　　　D. 消费者剩余

3. 国民收入核算的方法包括（　　　）。

A. 支出法　　　　　　　B. 收入法

C. 生产法　　　　　　　D. 企业法

4. 下述对 GDP 和 GNP 的关系表述正确的是（　　　）。

A. GDP 从地域角度划分，考虑的是一国经济领土内的经济产出总量

B. GNP 从身份角度，统计利用一国国民（常住单位）拥有的劳动和资本等要素所提供的产出总量

C. GDP 和 GNP 的数值不一定相等

D. GDP 和 GNP 的数值一定相等

5. 为什么说 GDP 没能全面地衡量社会的福利总水平？（　　　）

A. 没有衡量闲暇的价值

B. 没有计量非市场经济活动的价值

C. 没有计量地下经济活动的价值

D. 没有反映污染等经济活动后果的全部社会价值

6. 按支出法计算的 GDP 的主要项目有（　　　）。

A. 消费支出　　　　　　　　　　B. 投资支出

C. 政府购买　　　　　　　　　　D. 政府转移支付

E. 净出口

7. GDP 如果用收入法来衡量，则它等于（　　　）。

A. 工资　　　　　　　　　　　　B. 利息和租金

C. 利润　　　　　　　　　　　　D. 间接税

8. 国民收入等于国内生产总值减去（　　　）后的余额。

A. 间接税　　　　　　　　　　　B. 个人所得税

C. 公司所得税　　　　　　　　　D. 资本耗费补偿

9. 公司税前利润包括（　　　）。

A. 租金　　　　　　　　　　　　B. 股东红利

C. 公司所得税　　　　　　　　　D. 公司未分配利润

10. 在下列项目中，（　　　）属于政府购买。

A. 地方政府办三所中学

B. 政府给低收入者提供一笔住房补贴

C. 政府订购一批军火

D. 政府建设高速公路

三、判断题

1. 新古典宏观经济学和凯恩斯主义都认为价格具有完全灵活性。

（　　　）

2. 宏观经济学和微观经济学的中心理论一样。（　　　）

3. 在国民收入支出法核算中，住房属于消费。（　　　）

4. GDP 是地域概念，GNP 是国民概念。（　　　）

5. 用收入法核算 GDP 时，出租房屋所得收入不应计入 GDP。

（　　　）

6. 生产者价格指数衡量企业购买的一篮子物品和劳务的总费用。

（　　　）

7. CPI 仅包括消费品价格。（　　　）

8. GDP 折算指数即包括国内产品价格，也包括进口产品价格。

（　　　）

9. 高价格就是高通货膨胀。（　　　）

10. 结构性失业是由于经济需求下降造成的。（　　　）

四、分析题

1. 宏观经济学和微观经济学的联系和区别是什么？

2. 下列项目是否计入 GDP，为什么？

判断题解析

分析题解析

（1）政府转移支付　　　（2）购买一辆用过的卡车

（3）购买普通股票　　　（4）购买一块地产

3. 如果甲乙两国合并成一个国家，对 GDP 总和会有什么影响（假定两国产出不变）？

4. 失业的类型有哪些？

5. 消费者价格指数和 GDP 平减指数的区别有哪些？

五、计算题

1. 某年发生了以下活动：（a）一银矿公司支付 7.5 万美元给矿工，开采了 50 千克银子卖给一家银器制造商，售价 10 万美元；（b）银器制造商支付 5 万美元工资给工人，制造了一批项链卖给消费者，售价 40 万美元。

计算题解析

（1）用最终产品生产法计算 GDP。

（2）每个生产阶段生产多少价值？用增值法计算 GDP。

（3）在生产活动中赚得的工资和利润各共为多少？用收入法计算 GDP。

2. 一个经济社会生产三种产品：书本、面包和菜豆。它们在 1998 年和 1999 年的产量和价格如下表所示。

产品	1998 年		1999 年	
	数量	价格（美元）	数量	价格（美元）
书本	100	10	110	10
面包（条）	200	1	200	1.5
菜豆（千克）	500	0.5	450	1

计算：

（1）1998 年名义 GDP。

（2）1999 年名义 GDP。

（3）以 1998 年为基期，1998 年和 1999 年的实际 GDP 是多少，这两年实际 GDP 变化了多少百分比？

（4）以 1999 年为基期，1998 年和 1999 年实际 GDP 是多少？这两年实际 GDP 变化了多少百分比？

（5）"GDP 的变化取决于我们用哪一年的价格作为衡量实际 GDP 的基期的价格。"这句话是否正确？

（6）用 1998 年作为基期，计算 1998 年和 1999 年的 GDP 平减指数。

3. 某一经济社会生产六种产品，它们的产量和价格如下表所示：

产品	1998 年产量	1998 年价格（美元）	2001 年产量	2001 年价格（美元）
A	25	1.5	30	1.68
B	50	7.5	60	8.35
C	40	6	50	7.2
D	30	5	35	5.5
E	60	2	70	2.5

计算：

（1）1998 年和 2001 年的名义 GNP。

（2）以 1998 年为基期，算出 2001 年的实际 GNP。

（3）计算 2001 年的 GNP 折算指数，2001 年价格比 1998 年价格上涨了多少？2001 年相对 1998 年的通货膨胀率是多少？

4. 一国财政支出为 8000 亿元，税收为 8000 亿元，出口为 7000 亿元，进口为 5000 亿元，消费函数为：$C = 1000 + 0.5 \times (Y - T)$，投资函数为：$I = 0.3 \times (Y - T) + 1200$。试求该国的国民收入。

5. 假如一国的国内生产总值是 4800 亿美元，总投资是 800 亿美元，净投资是 300 亿美元，消费是 3000 亿美元，政府购买是 960 亿美元，政府预算盈余为 30 亿美元。

计算：

（1）国内生产净值。

（2）净出口。

（3）政府税收减去转移支付后的收入。

六、论述题

1. 1990 年某国的 GNP 为 49980 亿元，而 GDP 为 50000 亿元，这两个概念分别有什么含义？为什么会有差异？

2. 论述国内生产总值的三种核算方法。

论述题解析

第二章
国民收入的决定：
收入—支出模型

学习目标

通过本章的学习，学生应理解：

- 短期国民收入决定理论
- 消费需求是如何决定的
- 消费理论
- 投资需求是如何决定的
- 资本边际效率
- 乘数原理

本章概要

一国的国民收入是由供给和需求两个方面的力量共同决定的。无论是什么因素影响宏观经济，它一定是要么通过影响总供给，要么通过影响总需求，或者同时影响总供给和总需求来影响宏观经济的。对宏观经济运行状态及整体产出水平如何决定进行论述分析的是国民收入决定理论，它是宏观经济学中的核心理论。该理论有短期和长期两个研究视野。

为了便于理解，本章从短期国民收入决定理论的角度，对产品市场进行分析，说明均衡国民收入如何决定以及如何向均衡状态进行调整。本章分析的是在生产能力充裕条件下，需求是如何影响总产出，以及需求自身又是如何被影响的。本章首先介绍了短期国民收入决定理论，也就是凯恩斯的简单国民收入决定理论，其基本原理是：短期内主要由总需求决定均衡国民收入水平。其次分别从总需求的四个组成部分入手，介绍了消费需求、投资需求、政府支出和国外净需求。在此基础上，最后强调了总需求对均衡国民收入变化产生影响的重要机制——乘数机制。

本章知识逻辑结构图

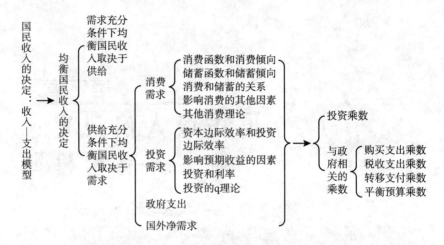

第一节 均衡国民收入的决定

本节主要讨论均衡国民收入是如何被决定的：当总供给和总需求相等时，国民收入就是均衡的。

一、均衡国民收入决定原理

习题

在宏观经济学中，国民收入是个泛指的总量概念。一般来说，一国所生产的全部产品和服务就是该国的国民财富，同时也是该国的国民收入。但是，严格讲，国民收入一般会以一定时期作为考察的范围，而国民财富通常不强调时间概念，可以从累计的数量上考察。

经济中的各个组成部分相互作用，从而决定了一国的国民收入。市场经济条件下的均衡国民收入，是指总收入和总支出相一致的产出。

【知识点解读】

社会经济要处于均衡的收入水平上，必须使实际收入水平对应一个相等的计划支出量。计划支出是从事前角度出发，是计划达到的，或者说想要达到的，能使经济社会的收入正好等于全体居民和企业想要的支出情况下的国民收入。事前计划达到的均衡国民收入不一定在事后真正能够实现。只有从事后角度来看，国民收入核算账户所计算的才是真正的、实际的均衡国民收入。

二、均衡国民收入决定的基本方向

在古典经济学看来，市场是完善的，供给总是可以创造出自己的需求，因此均衡的国民收入就由总供给决定。新古典经济学基本上继承了古典经济学的观点，关注长期，认为从长期看，总供给与总需求趋于相等，因此均衡国民收入决定于总供给。

凯恩斯主义更关注短期情形，关注短期内有效需求不足导致萧条的可能。因此在有效需求不足、生产能力过剩时，总需求水平决定着均衡国民收入。

在关于国民收入决定理论方面，西方主流经济学持有一种折中的观点，就是将上述两种观点结合在一起，认为经济在短期内主要由有效需求水平决定均衡国民收入水平，而在长期内主要由供给水平决定均衡国民收入水平。

习题

知识点扩展（一）

知识点扩展（二）

【知识点解读】
不同经济学流派对于均衡国民收入如何决定的见解是不一样的，单独某一方向的均衡国民收入决定理论不能通行于所有经济情形。

三、两部分经济：有效需求的原理和框架

在凯恩斯短期均衡国民收入决定理论中，总需求由四个重要组成部分构成，即消费、投资、国外净需求（净出口）和政府支出。只对消费和投资部门进行分析的被称为两部门经济；对消费、投资和政府部门进行分析的被称为三部门经济，也是一般意义上的封闭经济；对消费、投资、政府部门和国外部门进行分析的被称为四部门经济，也是一般意义上的开放经济。为了具体分析的思路清晰和方便，需要先对封闭经济条件下的两部门经济作出必要的假设和分析。

两部分经济：有效需求的原理和框架

对封闭经济条件下两部门经济的分析是基于以下基本假设。

（1）经济中只有居民（家庭）和企业两个部门。

（2）社会总能够以不变的价格提供适应需求的产品与服务，社会需求的变动只会引起产量变动，不会引起价格变动。

（3）社会上没有折旧和公司未分配利润。

（4）只考虑短期内均衡国民收入的决定。

（5）关于投资等于储蓄的假定。

均衡产出（或均衡国民收入）是和总需求相一致的产出，也就是说，如图2-1所示。经济社会的收入正好等于全体居民和企业想

习题

均衡产出

要有的支出（E = Y）。

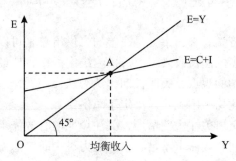

图 2-1 凯恩斯主义交叉图

【知识点解读】

由于经济活动中只有家庭和企业两个部门，消费行为和储蓄行为都发生在家庭方面，生产和投资行为都发生在企业方面。同时假设企业投资是外生变量决定的，不随利率和产量的变化而变化。

由于只考虑短期行为，当社会总需求发生变动时，只会引起产量的变动，而不会引起价格的变动。也就是说，企业首先考虑的是调整产量，而不是改变价格。由于假定没有折旧和公司未分配利润，这样 GDP 以及与之相关的 NNP、NI 和 PI 等就都可以在特定情况下被当作均衡国民收入来处理。

在上述假定条件下，经济中的均衡产量或均衡国民收入水平就决定于总需求水平，均衡产出（或均衡国民收入）是和总需求相一致的产出，也就是说经济社会的收入正好等于全体居民和企业想要有的支出。

在均衡产出水平上，计划支出和实际产出正好相等，也就是说，此时非计划存货投资（计划支出 E 和实际产出 Y 之间的差额）等于零或者说不存在。在均衡产出点 A 的右侧，非计划存货投资大于 0（计划支出 E 小于实际产出 Y），此时生产（供给）超过需求，企业所不愿意保留的存货量就会增加，企业会缩减生产；在均衡产出点 A 的左侧，此时生产（供给）低于需求，企业的库存量会减少，非计划存货投资小于 0（计划支出 E 大于实际产出 Y），企业就会扩大生产。最终，经济总会趋于均衡产出水平 A。

知识点解读

同时需要注意，假设前提中的投资等于储蓄，是指经济达到均衡时，计划投资必须等于计划储蓄。而国民收入核算中的投资等于储蓄，则是根据定义而得到的事后的状态，指实际已经发生了的投资始终等于储蓄。只有投资和储蓄二者在计划和实际上都相等，收入才真正处于均衡状态。

【本节应掌握知识点】
- 古典经济学关于均衡国民收入的决定
- 凯恩斯经济学关于均衡国民收入的决定
- 短期均衡国民收入决定理论的基本假设
- 凯恩斯交叉图

第二节 两部门经济：家庭部门

短期国民收入水平主要决定于总需求水平。总需求由四个部分组成，首先是消费需求。本节集中介绍家庭消费需求以及与之相关的储蓄问题。

一、消费函数和消费倾向

凯恩斯认为，在收入和消费之间存在着一条基本的心理规律，即当人们可支配收入较高时，消费量也较大，反之则相反，$C = C(Y)$。但是消费的增加不会像收入增加得那样多。

消费函数和消费
倾向

平均消费倾向（average propensity to consume，APC）是既定可支配收入水平上的消费支出在消费者可支配总收入中所占的比率，是消费曲线上每一点和原点之间连线的斜率：$APC = \dfrac{C}{Y}$。

习题

边际消费倾向（marginal propensity to consume，MPC）是每增加的一单位可支配收入中用于增加消费的部分所占的比率，是消费曲线上每一点切线的斜率：$MPC = \dfrac{\Delta C}{\Delta Y} = \dfrac{dC}{dY}$。

线性消费函数表示为：$C = \alpha + \beta Y$，如图 2-2 所示，α 为自发消费，也被称为必需的基本生活消费，βY 为引致消费，是可支配收入

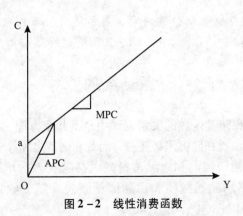

图 2-2　线性消费函数

引起的消费。对于线性消费函数而言，边际消费倾向始终是不变的，边际消费倾斜 β 是一个常数。

知识点解读

【知识点解读】

平均消费倾向和边际消费倾向都有递减的趋势。边际消费倾向总是大于 0 小于 1，而平均消费倾向可能大于 1、等于 1 或小于 1，因为消费可能大于等于或小于可支配收入。

边际消费倾向和自发消费的变化会引起消费曲线，进而引起均衡收入 Y 的变化。自发消费支出的增加会引起消费曲线，进而引起计划支出的向上平移，从而使得均衡收入 Y 也会增加。而边际消费倾向的增加会引起消费曲线，进而引起计划支出线呈逆时针方向转动，从而也会引起均衡收入 Y 的增加。

二、储蓄函数和储蓄倾向

储蓄函数和储蓄倾向

储蓄是可支配收入中没有被消费的部分，储蓄的大小不仅可以反映消费量的大小，也可以在可支配收入既定的情况下与消费量呈现此消彼长的关系：$S = S(Y) = Y - C$。储蓄随可支配收入的增加而增加，而且增加的幅度越来越大。

平均储蓄倾向（Average Propensity to Save，APS）是指任意一个可支配收入水平上的储蓄，在可支配收入中所占的比率：$APS = \dfrac{S}{Y}$。

边际储蓄倾向（Marginal Propensity to Save，MPS）是每增加的一单位可支配收入中用于增加储蓄的部分所占的比率：$MPS = \dfrac{\Delta S}{\Delta Y} = \dfrac{dS}{dY}$。

线性储蓄函数表示为：$S = Y - C = Y - (\alpha + \beta Y) = -\alpha + (1 - \beta)Y$。

习题

【知识点解读】

$1 - \beta$ 是线性储蓄函数的斜率，表示随着可支配收入 Y 的增加，导致的储蓄 S 增加的比例，所以 $1 - \beta$ 即为边际储蓄倾向 MPS。

三、消费函数和储蓄函数的关系

消费函数和储蓄函数的关系

消费函数和储蓄函数的关系表现为以下几个方面。

（1）消费函数和储蓄函数互补，消费和储蓄之和等于可支配收入。

（2）平均消费倾向和边际消费倾向都随收入的增加而递减，但 APC > MPC；平均储蓄倾向和边际储蓄倾向都随着收入的增加而递增，但 APS < MPS。

（3）平均储蓄倾向和平均消费倾向之和恒等于1，边际消费倾向和边际储蓄倾向之和也恒等于1。

【知识点解读】

需要对线性消费曲线和线性储蓄曲线的关系进行分析。

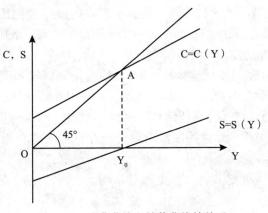

图2-3　消费曲线和储蓄曲线的关系

习题

知识点扩展（一）

知识点扩展（二）

从图2-3中可以看出，随着收入Y的增加，Y和C之间的距离，也就是储蓄S是越来越大的。线性消费函数和线性储蓄函数二者的斜率相加，刚好为1（MPC + MPS = 1）。线性消费函数上每一点和原点的连线的斜率加上线性储蓄函数每一点和原点的连线的斜率也刚好为1（APS + APC = 1）。

因为 APS + APC = 1

　　　MPC + MPS = 1

　　　APC > MPC

所以 APS < MPS

同时需要注意，线性储蓄函数的 MPS 是不变的。

四、家庭消费函数和社会消费函数

社会消费函数是家庭消费函数的总和，但是社会消费函数并不等于家庭消费函数直接加总，需要考虑以下限制条件。

（1）国民收入的分配状况。

（2）政府税收政策。

（3）公司未分配利润在利润中所占的比例。

但是，在考虑各种限制条件后，社会消费曲线的基本形状仍然会和家庭消费曲线有很大的相似之处。

习题

五、影响消费的其他因素及其对相关政策效果的影响

可支配收入变动并非是影响消费的全部因素，还有其他一些因素会影响消费行为。

（1）利率。利率水平的变化会带来收入效应和替代效应。就全社会总体而言，利率的提高是否会增加储蓄，由人们增加和减少储蓄的总和情况来决定。

（2）价格水平的变动。价格水平的变化会影响人们的实际收入水平，从而影响消费水平。但是如果消费者只注意到货币收入的变化而忽略了物价的变化，则以为实际收入会发生变化，这种情况被称为"货币幻觉"（即只关注货币数量变化，不关注货币实际购买力的现象）。

（3）收入分配。收入分配越不平均，全国性平均消费倾向就会越小。

（4）预期。人们可以运用所有可以得到的信息，作出对未来消费的适当预期。

在经济生活中，人们的消费也取决于他们个人的实际财富或实际资产。实际资本存量、名义基础货币、公债数量、物价水平以及利率的变化，都会通过财富的变动效果来影响消费。

【知识点解读】

利率的提高会使储蓄增加，消费减少，这就是利率变动导致的储蓄的替代效应；利率的提高同时会使人们将来的利息收入增加，从而使人们认为自己更富有，以致增加目前消费，这样反而可能会减少储蓄，这是利率的提高使储蓄减少所导致的收入效应。

价格水平的上升导致人们持有货币的实际购买力下降，或消费水平相应减少的效应，叫作财富效应或实际余额效应。财政政策和货币政策都会使得利率发生变化。利率的变动会使实际资产发生反方向的变化，产生财富效应，最终影响消费。财富效应的分析会在后面章节（第四章总供求模型）中进行详细讲解。

六、其他消费理论

前面所阐述的消费函数理论只是凯恩斯的消费理论，认为消费只取决于可支配收入，这只是把现期收入和现期消费联系在一起，被称为凯恩斯的绝对收入消费函数理论。

但是除了可支配收入外，消费还取决于其他因素。鉴于凯恩斯消费函数理论的局限性，因此经济学家们又提出了其他消费函数理论。

（1）相对收入假说。由美国经济学家杜森贝里提出，认为消费者会根据自己过去的消费习惯以及周围人们的消费水准来决定自己的现期消费水平。消费在个人可支配收入中所占的比率，中长期会维持相对固定，但短期消费函数却有所不同，会取决于当期可支配收入及过去的消费支出水平。短期消费函数的影响机制表现为三种效应：攀比效应、示范效应和棘轮效应。

（2）恒久收入假说。该消费理论把消费同消费者能够考虑到的可支配收入，特别是和预期的未来可支配收入联系起来，而不只是同现期可支配收入联系起来。消费者的消费支出是由恒久收入决定的，是恒久收入的稳定函数，$Y_P = \theta Y + (1 - \theta) Y_{-1}$。根据该理论，如果政府想通过增减税收来影响总需求，那么将是不可能完全奏效的。

（3）生命周期假说。人们根据其预期寿命来安排收入用于消费和储蓄的比例，每个人总想把一生的全部收入在消费上做最佳分配，以获得终生效用的最大化，$C = \alpha W_R + \beta Y_L$。其内容包括：第一，消费者的终生收入与财产决定其消费支出。第二，消费者偏好平稳的消费。第三，在工作时期，收入大于消费；在退休时期，消费大于收入。

习题

其他消费理论
——相对收入
假说

其他理论
——恒久收入
假说

其他消费理论
——生命周期
假说

【知识点解读】
相对收入假说提出的示范效应强调了消费是一种社会行为，人们的消费行为存在着相互影响，特别是高收入集团对低收入集团具有较强的示范效应。在现实生活中，示范效应是普遍存在的。作为一个发展中国家，中国面临着两种示范效应：一种是欧美等发达国家和地区的消费水平与方式对我国居民的示范效应；另一种是我国内部的高收入阶层对低收入阶层的示范效应。在一定程度上，示范效应的存在可以增加消费需求，从而促进经济的发展，但是，它也会导致超前消费的现象。根据相对收入假说的棘轮效应，消费具有一定的平稳性，因此消费对经济具有稳定作用，这一点是有道理的。

尽管相对收入假说修正并发展了绝对收入假说，但是该理论本身并不完善，尤其是缺乏经验研究的支持。

恒久收入假说认为，短期中，当暂时收入增加导致收入提高时，平均消费倾向会下降。但是，在长期中，收入的变动主要是由恒久收入引起的。消费随着恒久收入的提高而增加。因此，长期平均消费倾向是不变的。只要居民的消费取决于恒久收入，而不是由现期收入决定，那么，凯恩斯主义的相机调节税收的政策对于现期消费的影响就是非常小的。临时性的税收变动是无效的。只有恒久性税收变动，政策才会有明显效果。

恒久收入假说和生命周期假说之间既有联系也有区别。相同点在于：第一，消费函数不仅限于与现期收入相联系；第二，暂时的和偶然的收入变化对消费倾向影响小；第三，临时性税收政策对消费影响小。不同点在于：生命周期假说将财产因素包括在消费函数中，强调了储蓄的动机是为了平滑一生的消费；恒久收入假说则偏重于分析个人形成未来收入预期的方法，对恒久收入进行了较科学的估算。

恒久收入假说与生命周期假说这两个理论构成了现代消费函数理论的基础。凯恩斯将消费设计为现期收入的单一函数，而现代消费行为理论将人们一生的消费与他们一生的收入联系起来。这些理论认为，消费是现期收入、财富、预期未来收入和利率的函数。经济学家对于哪些因素在消费中起决定作用仍然存在着争论。

【本节应掌握知识点】
- 消费函数和消费倾向
- 储蓄函数和储蓄倾向
- 消费和储蓄的关系
- 恒久收入假说
- 生命周期假说
- 恒久收入假说和生命周期假说的异同点

第三节　两部门经济：企业部门

投资需求是总需求的重要组成部分，而且比消费需求更具有变化性，因此对均衡国民收入的影响也更大。投资的目的是形成生产能力，生产产品并销售，获取利润。因此，投资需求取决于企业在投资项目上的利弊权衡，投资的决定因素就是成本与收益的比较。本节在介绍资本边际效率的基础上，推导投资边际效率曲线，得出投资的函数表达式。

投资和资本
边际效率

一、投资和资本边际效率

资本边际效率（marginal efficiency of captial，MEC）是一种贴现率，它正好使一项资本品在使用期内预期收益的现值等于这项资本品的供给价格。

$$R_0 = \frac{R_1}{1+r} + \frac{R_2}{(1+r)^2} + \frac{R_3}{(1+r)^3} + \cdots + \frac{R_n}{(1+r)^n} + \frac{J}{(1+r)^n}$$ ，r 代表利率，代表贴现率，也代表资本边际效率。

习题

如果资本边际效率大于市场利率，该项目就值得投资，否则就不值得进行。资本边际效率的数值取决于资本品供给价格 R_0 和预期收益 R_n。当预期收益既定时，资本品供给价格 R_0 和资本边际效率 r 成反比。

资本边际效率曲线表明，投资量与利息率之间存在着反方向变动关系。利率越高，投资量越小；利率越低，投资量越大。

资本边际效率曲线是以投资品的供给价格给定不变为前提的。事实上，当利率下降时，如果每个企业都增加投资，资本品的供给价格就会上涨，在预期收益不变情况下，资本边际效率就必然缩小，这种由于资本品的供给价格上升而缩小了的资本边际效率被称为投资边际效率（marginal efficiency of investment，MEI）。如图 2 - 4 所示，投资边际效率曲线（MEI）位于资本边际效率曲线（MEC）之下。

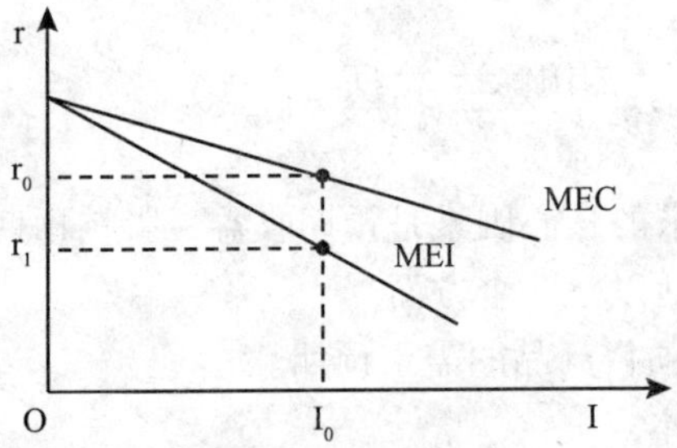

图 2 - 4　MEC 和 MEI

由于投资边际效率考虑了投资所引起的投资品的价格变动这一因素，因而决定投资的大小应以投资边际效率为依据。投资边际效率曲线表明了每一利率水平下的投资数量，投资边际效率曲线就是投资需求曲线。

【知识点解读】

在市场经济里，企业最重要的目标是利润，收益和成本之差即是利润，投资行为同样适用利润最大化的边际分析，但投资的收益是未来的，成本是现在的，因而具体到某项投资决策上，一般使用现金流量贴现的分析方法。首先要考虑投资收益的年限和各个时期的获利水平，其次是将该项投资的预期收益按照预期收益率或利润率折算为现值，最后把收益的现值同投资所必须支付的价格相比较，如果一系列收益的现值大于投资的价格，说明有净现值，就进行投资，否则就不投资。凯恩斯把贴现率或预期利润率称作资本边际效率。

凯恩斯认为资本边际效率也是一条心理规律。因为人们对于未来收益前景的预期在很大程度上会受到心理因素和信心状态的影响，厂商增加投资时预期利润率会递减，因此资本的边际效率会递减。投资需求取决于资本边际效率与利率的对比关系。由于资本边际效率在长期中是递减的，除非利息率可以足够低，否则会导致经济社会中投资需求不足。

资本边际效率在长期中之所以递减的原因主要有两个：第一，投资的不断增加必然会引起资本品供给价格的上升，而资本品供给价格的上升意味着成本增加，从而会使投资的预期利润率下降；第二，投资的不断增加会使所生产出来的产品数量增加，而产品数量增加会使其市场价格下降，从而投资的预期利润率也会下降。资本边际效率的递减使资本家往往对未来缺乏信心，从而引起投资需求的不足。

在投资逐渐增加的情况下，由于边际效率递减规律的作用，实际的投资效率会更低一些。在相同的预期收益下，投资的边际效率小于资本的边际效率。

影响预期
收益的因素

二、影响预期收益的因素

影响投资需求的核心因素是预期收益，影响预期收益的因素是多方面的，主要包括以下几个方面。

（1）对投资项目产品的需求预期。

（2）产品成本。

（3）投资税抵免。

（4）投资风险。

（5）融资条件对投资需求的影响。

习题

三、投资和利率

在决定投资的各种因素中，当预期利润率（资本边际效率）既定时，利率就是考虑的首要因素。利率分为名义利率和实际利率，名义利率是借贷者按约定所支付的利率。我们一般情况下探讨的都是实际利率，实际利率大致等于名义利率减去通货膨胀率。

投资和利率

投资是利率的减函数，利息是投资的成本，$I = I(r)$。反映利率和投资量之间的这种反方向变化的曲线即为投资曲线，也被称为投资边际效率曲线。如图 2-5 所示，如果投资函数是线性函数，则投资函数可以写作：$I = e - dr$，其中 e 为自主投资，d 为投资的利率弹性，代表投资对利率变动作出反应的程度，也就是投资变化对利率变化的敏感程度。其中，d 越大，代表投资对利率变化越敏感，此时利率变化所引起的投资的变化量越大，投资需求曲线会越平缓；相反，d 越小，投资需求曲线会越陡峭。

习题

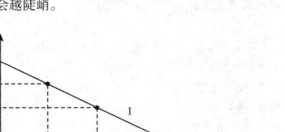

图 2 - 5　投资函数

【知识点解读】

对于任意给定的实际利率，引起投资需求增加的因素会导致投资曲线向右移动；引起投资需求减少的因素会导致投资曲线向左移动。引起投资需求变化的因素主要有：技术进步、政府税收的变动、投资税减免政策等。

在只考虑产品市场，不涉及货币市场和利率问题时，我们假定企业的投资总是处于不变的水平，记为 $I = I_0$，此时投资曲线为一条水平线。

四、投资的 q 理论

投资的 q 理论强调投资与股票市场之间的一种联系。企业的市场价值与其重置成本之比，可作为衡量要不要进行新投资的标准，这个比率被称为"q"，q = 企业的股票市场价值/企业的重置成本。企业的市场价值就是这个企业的股票的市场价格总额，它等于每股的价格乘以总股数。企业的重置成本指建造这个企业所需要的成本。如果企业的市场价值小于重置成本时，q < 1，说明买旧的企业比建设新企业便宜，于是就不会有投资；相反，当 q > 1 时，说明新建企业比买旧企业便宜，因此会有新投资。就是说，当 q 较高时投资需求较大。

投资的 q 理论

习题

【知识点解析】

人们购买股票，出于两种考虑：一是希望从其股息中获得报酬；二是从其股票的市场价值增值，即资本收益中获得报酬。美国经济学家詹姆斯·托宾认为股票价格会影响企业投资。投资的 q 理论反映了资本的当期报酬率与预期报酬率之间的关系，避免了投资的当前成本与未来收益的时间不一致问题，也从侧面反映出货币政策可以通过对利率与股价的影响来影响 q 值。但是这个理论回避了股票市场价值的不正常和未来收益的不确定性。q理论只能说明个别企业的投资方式选择，不能说明宏观投资问题。当然，这也是凯恩斯主义经济学和许多非凯恩斯主义经济学理论共有的缺点。

【本节应掌握知识点】

- 资本边际效率
- 投资边际效率
- 投资函数

三部门经济：
政府部门

第四节　三部门经济：政府部门

本节介绍政府部门的收支问题。凯恩斯经济学认为政府部门的财务活动同样会影响社会总需求，从而对国民收入产生影响。对于扩大总需求，在消费需求和投资需求一时无法增加的情况下，除了扩大国外总需求外，就必须求助于政府需求，因此政府也是影响国民收入的一个重要部门。

政府有能力影响总需求，一方面，政府本身就有需求，另外一方面，政府的政策会影响着总需求的其他部分。

一、政府需求

习题

政府需求分为政府为维持自身正常活动所涉及的消费需求和政府为自身或公共设施建设所产生的投资需求。当然，政府也有其购买支出和其他影响社会总需求的方面。

【知识点解析】

在新古典经济学家的观念中，供给是决定国民收入大小的因素，而需求不重要。政府置于经济部门之外，而且其活动并不对国民经济和国民收入产生影响，因而政府部门并不在他们的考察范围之内。

而凯恩斯看到了政府对总需求的重要作用，提出通过政府来拯救经济危机的办法：在社会总需求不足情况下通过政府的赤字财政政策来扩大政府支出和公共投资，带动经济中总需求的增长。这种观点决定了凯恩斯主义经济学对政府需求以及对干预经济的政策的重视。应该说这在一定条件下也许会有一定的短期效应，但是，其长期效应是值得怀疑的：如果增加的投资在产品结构上没有变化，那么只会加剧滞销产品的积压，除非生产有社会需求的新产品。如果新增投资用于公共产品和设施，在长期内也会形成饱和。在公共设施比较健全的国家，政府的公共投资就会受到限制，以至于某些国家将政府投资更多用到军事物资的生产上。

二、政府对社会总需求的影响

习题

政府对社会总需求的影响主要表现在以下几个方面。

（1）直接购买支出的影响。

（2）税收的影响。

（3）转移支付的影响。

（4）制度和政策的影响。

【知识点解析】

如图2-6所示，政府财政包括财政收入和财政支出两方面。财政收入主要是税收和公债，财政支出主要包括政府购买和政府转移支付。如果收入和支出正好相等，则政府预算是平衡的。

加入政府部门后，一些变量的数值会发生变化。前面提到的消费者的消费水平取决于国民收入水平Y，考虑政府部门后，这里的收入指可支配收入Y_d，是国民收入减去税收后再加上转移支付的部分。即：

$$Y_d = Y - T + T_r$$

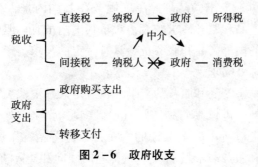

图2-6 政府收支

从表2-1中可以看出，在两部门经济中，Y和Y_d是一样的，但是在三部门经济中，要考虑到Y和Y_d之间的区别。

表2-1 二部分和三部门的 Y 与 Y_d

	二部门	三部门
Y_d	C + I	C + I + G
Y_d 与 Y	$Y_d = Y$	$Y_d = Y - T + T_r$

【本节应掌握知识点】
● 政府收支的内容
● 两部门和三部门经济中的 Y 和 Y_d 之间的区别

四部门经济：
国外部门

第五节　四部门经济：国外部门

经济不可避免是开放的和外向型的，必然会涉及国外经济对本国产品的需求问题。来自国外的需求已经成为各个国家总需求中一个必要的组成部分，甚至是相当重要的组成部分。本节介绍国外需求，也就是关于净出口的决定的相关问题。

一、国外需求的决定因素

国外需求的决定因素包括以下几个方面。

（1）国外的国民收入水平，特别是人均收入水平的高低。国外人均收入水平高，其对别国产品和服务的需求就大；反之，需求就小。

（2）国外人们的消费倾向。消费倾向高，同样情况下对别国产品和服务的需求就多；反之，这种需求就少。

习题

（3）国外所需求的某种产品和服务在其国内是否存在。对于外国所没有的产品和服务需求较大，对于其国内虽有，但质量、价格都优于其国内的国外产品和服务也会具有一定的需求。产品和服务的价格也是影响国外需求大小的重要因素。

国外对本国产品和服务的需求，在一定条件下就决定了本国的出口倾向。国外的进口倾向和边际进口倾向（即国民收入每增加 1 单位中增加的进口所占的比例）的大小，在同等情况下就决定了国外对本国产品和服务需求量的大小。其进口倾向和边际进口倾向越大，则它对本国的商品和服务的需求就越大。

二、净出口的决定

净出口额等于一国的出口总额减去其进口总额。出口（X）更多是由国外因素决定，假定属于外生变量。进口倾向和边际进口倾向取决于本国国民收入水平、人均收入水平、消费倾向和边际消费倾向。一般主要考察本国的边际进口倾向。

进口倾向是指进口价值总量与国民收入总量之比，即 X/Y。边

习题

际进口倾向 γ 是进口增量与引起它的收入增量之比，即 ΔX/ΔY $\left(\gamma = \dfrac{\Delta X}{\Delta Y} = \dfrac{dX}{dY}\right)$。这两种倾向数值越大，进口额就越大，在出口额既定时，最终的净出口就会变小；反之，净出口就会增大。

【知识点解读】

宏观经济分析往往以国内需求为内生变量，本国对外国产品的需求越大，净出口相应地会越小，除非国外需求非常大。除去本国对特定产品与服务或对特定国家出于特殊需要而限制外，出口更多的是由国外因素决定，是本国无法控制的因素，所以在这里假定出口是严格界定不变的外生因素，主要集中考察进口的作用。在边际进口倾向既定时，本国的国民收入水平越高，进口就越多，进口和国民收入水平呈同方向变化。

因此，净出口 $NX = X_0 - M = X_0 - (M_0 + \gamma Y)$。

三、几个主要的国外需求影响因素

除去上述因素以外，国外对本国产品和服务的需求也会受到以下因素影响。

习题

(1) 汇率。

(2) 本国对外实际投资。

(3) 国际竞争激烈程度。

(4) 国外贸易保护主义的强弱。

【知识点解读】

汇率的变化会影响到本国货币的升值和贬值，本币贬值或外币升值在一定程度上会增加对本国出口的需求。

【本节应掌握知识点】

● 边际进口倾向

● 净出口的函数表达式

第六节　影响需求的重要机制：乘数

本节从乘数理论模型出发，分析各种因素是如何影响均衡国民收入的。影响均衡国民收入的因素包括：各项自发支出（即初始的消费投资、政府购买和对外出口等)、边际消费倾向、税率和边际进口倾向。当各项自发支出增加时均衡国民收入会加倍增加。

一、乘数原理：以投资乘数为例

乘数原理：以投资乘数为例

乘数又称作倍数，是指自发总支出增加所引起的均衡国民收入增加的倍数，或者说均衡国民收入增加量与引起这种增加的自发总支出增加量之间的比率。它描述了宏观经济模型中的内生变量的变化量(ΔY)与外生变量的变化量(ΔI、ΔG、ΔT、ΔT_r、ΔX 等)之比，乘数 (K)＝Δ 内生变量/Δ 外生变量。

投资乘数是指国民收入的变化量与带来这种变化的投资变化量之比，投资乘数 $K_I = \dfrac{\Delta Y}{\Delta I} = \dfrac{1}{1-MPC} = \dfrac{1}{1-\beta} = \dfrac{1}{MPS}$。图 2 – 7 中，$C+I$ 代表原来的总支出线，$C+I^*$ 代表新的总支出线，$I^* = I + \Delta I$。所以，新增加的投资支出为 $\Delta I = I^* - I$，新增加的均衡国民收入为 $\Delta Y = Y^* - Y$，乘数为 $\Delta Y/\Delta I$。

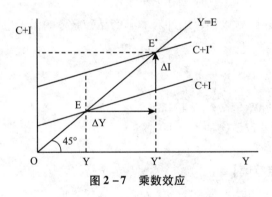

图 2 – 7　乘数效应

【知识点解读】

因为 $0 < \beta < 1$，所以 $K_I = \dfrac{\Delta Y}{\Delta I} = \dfrac{1}{1-\beta} > 1$。

知识点扩展

不只是投资乘数，我们继续学习的其他乘数一般也都是大于1。因为国民经济各部门之间存在着密切联系。自发总支出的增加首先会使国民收入等量增加。而国民收入的增加中必然有一部分用于支出，从而使总支出又一次增加，进而使国民收入再增加。

这种总支出与国民收入的增加会不断持续下去，形成连锁反应，最终使国民收入的增加数倍于最初自发总支出的增加。相反，如果自发总支出减少，也会有乘数作用，最终使国民收入的减少数倍于最初自发总支出的减少。

二、与政府相关的乘数

与政府相关的
乘数

三部门经济中总支出为：$Y = C + I + G = \alpha + \beta(Y - T + T_r) + I + G$。G 代表政府购买支出，T 代表税收（在这里代表定量税），T_r 代表转移支付。

政府购买支出乘数是指国民收入的变动与引起这种变动的政府购买支出之间的比率为：$K_G = \dfrac{\Delta Y}{\Delta G} = \dfrac{1}{1 - \beta}$。

习题

税收乘数指国民收入变动与引起这种变动的自发税收变动的比率为：$K_T = \dfrac{\Delta Y}{\Delta T} = \dfrac{-\beta}{1 - \beta}$。

政府转移支付乘数是指国民收入变动与引起这一变动的政府转移支付变动的比率为：$K_{T_r} = \dfrac{\Delta Y}{\Delta T_r} = \dfrac{\beta}{1 - \beta}$。

由于政府购买支出乘数大于税收乘数绝对值以及转移支付乘数，所以改变政府购买水平，对宏观经济活动的效果要大于改变税收和转移支付的效果，改变政府购买水平是财政政策中最有效的手段。

平衡预算乘数 K_b 是指政府购买支出和自发税收增加的数量相同时，均衡收入的变动与引起这种变动的政府购买（或政府税收）变动的比率。

$$\frac{\Delta Y}{\Delta G} = \frac{\Delta Y}{\Delta T} = \frac{1 - \beta}{1 - \beta} = 1 = K_b$$

以上讨论的乘数都需要假定一个外生变量的变动，除去它需要对应的因变量之外，不会引起其他变量的变动。

【知识点解读】

政府购买支出乘数和投资乘数的机制是完全相同的。三部门总支出为：$Y = C + I + G = \alpha + \beta(Y - T + T_r) + I + G$。当其他条件不变，原来的均衡国民收入为：$Y_0 = \dfrac{\alpha + I_0 + G_0 - \beta T_0 + \beta T_{r0}}{1 - \beta}$，政府购买支出增加 ΔG 后，均衡国民收入 $Y_1 = \dfrac{\alpha + I_0 + G_0 + \Delta G - \beta T_0 + \beta T_{r0}}{1 - \beta}$，所以 $\Delta Y = Y_1 - Y_0 = \dfrac{\Delta G}{1 - \beta}$。所以政府购买支出乘数 $K_G = \dfrac{\Delta Y}{\Delta G} = \dfrac{1}{1 - \beta}$。

对于税收乘数和转移支付乘数也可以同样推导。

对于平衡预算乘数，如果用 ΔY 表示政府购买支出和税收各增加同一数量时国民收入的变动量，则可以表示为：

$$\Delta Y = K_G \Delta G + K_T \Delta T = \frac{\Delta G - \beta \Delta T}{1 - \beta}，\text{ 因为 } \Delta G = \Delta T，\text{ 所以 } \Delta Y = K_G \Delta G +$$

$$K_T \Delta T = \frac{\Delta G - \beta \Delta T}{1 - \beta} = \frac{\Delta G - \beta \Delta G}{1 - \beta} = \Delta G，\text{ 也可以表示为 } \Delta Y = K_G \Delta G +$$

$$K_T \Delta T = \frac{\Delta G - \beta \Delta T}{1 - \beta} = \frac{\Delta T - \beta \Delta T}{1 - \beta} = \Delta T，\text{ 所以 } K_b = 1。$$

无论是投资支出的变化、政府购买支出的变化、税收的变化还是转移支付的变化，在乘数原理中，都归总为自发总支出的变化，都是外生变量的变化。自发总支出的变化引起的国民收入变化量的大小取决于两个因素：一是自发支出的增加量，自发支出的增加越大，则收入的变动就越大；二是边际消费倾向，边际消费倾向越大，乘数就越大，自发支出所引起的国民收入的增加就越大。应当注意的是乘数是一把双刃剑，自发总支出增加会使均衡国民收入增加，相反自发总支出减少会使均衡国民收入减少。同时乘数并不是越大越好，乘数越大，自发支出的变动所引起的产出的波动就越大，经济就可能越不稳定。

乘数发挥作用是需要一定条件的。这就是经济中存在闲置的资源。如果资源已经充分利用，国民收入的增加将受到资源条件的约束，乘数的作用就受到限制。

三、比例税下的乘数

比例税下的乘数

三部门经济中总支出为：$Y = C + I + G = \alpha + \beta(Y - T + T_r) + I + G$。G 代表政府购买支出，$T_r$ 代表转移支付，T 代表税收（在这里代表比例税，所以税收表示为 $T = T_0 + tY$），相应的各个乘数分别为：

投资乘数：$K_I = \dfrac{\Delta Y}{\Delta G} = \dfrac{1}{1 - \beta(1 - t)}$

政府购买支出乘数：$K_G = \dfrac{\Delta Y}{\Delta G} = \dfrac{1}{1 - \beta(1 - t)}$

习题

税收乘数：$K_T = \dfrac{\Delta Y}{\Delta T} = \dfrac{-\beta}{1 - \beta(1 - t)}$

政府转移支付乘数：$K_{T_r} = \dfrac{\Delta Y}{\Delta T_r} = \dfrac{\beta}{1 - \beta(1 - t)}$

【知识点解读】

以投资乘数为例。三部门总支出为：$Y = C + I + G = \alpha + \beta(Y - (T_0 + tY) + T_r) + I + G$。当其他条件不变，原来的均衡国民收入为：

$Y_0 = \dfrac{\alpha + I_0 + G_0 - \beta T_0 + \beta T_{r0}}{1 - \beta(1 - t)}$，投资支出增加 ΔI 后，均衡国民收入 $Y_1 =$

$\dfrac{\alpha + I_0 + \Delta I + G_0 - \beta T_0 + \beta T_{r0}}{1 - \beta(1 - t)}$，所以 $\Delta Y = Y_1 - Y_0 = \dfrac{\Delta I}{1 - \beta(1 - t)}$。因此，

知识点扩展（一）

投资支出乘数 $K_I = \dfrac{\Delta Y}{\Delta I} = \dfrac{1}{1 - \beta(1 - t)}$。

对于政府购买支出乘数、税收乘数和转移支付乘数也可以同样推导。

知识点扩展（二）

【本节应掌握知识点】

- 两部门经济中的投资乘数
- 定量税和比例税下的投资乘数
- 定量税和比例税下的政府购买支出乘数
- 定量税和比例税下的转移支付乘数
- 定量税和比例税下的税收乘数
- 平衡预算乘数

本章练习题

一、单项选择题

1. 凯恩斯消费函数认为消费主要取决于（　　）。

A. 当前收入　　　　　　　B. 未来收入

C. 利率　　　　　　　　　D. 恒久收入

单项选择题解析

2. 利率的下降会引起的变化是（　　）。

A. 降低现有的投资项目的贴现价值，企业投资更多的项目

B. 降低现有的投资项目的贴现价值，企业投资更少的项目

C. 增加现有的投资项目的贴现价值，企业投资更多的项目

D. 增加现有的投资项目的贴现价值，企业投资更少的项目

3. 能准确描述企业的投资需求曲线的是（　　）。

A. 货币需求曲线　　　　　B. 投资边际效率曲线

C. 资本边际效率曲线　　　D. 货币供给曲线

4. 关于资本边际效率和投资边际效率，以下说法正确的是（　　）。

A. MEI 比 MEC 更加陡峭

B. MEI 比 MEC 更加平缓

C. MEI 与 MEC 都是向右上方倾斜的曲线

D. MEI 与 MEC 曲线斜率相同

5. 假设某家庭存在线性消费函数，收入为 0 时消费为 1000 元，收入为 5000 元时，消费支出为 3000 元，这个家庭消费函数是（　　）。

A. C = 1000 + 0.6Y　　　　B. C = 1000 + 0.4Y

C. C = 1000 + 0.5Y　　　　D. C = 1000 + 0.8Y

6. 如果自发消费为150亿元，投资为50亿元，边际储蓄倾向为0.4，那么在二部门经济中，均衡收入为（　　）亿元。

A. 500 B. 600

C. 400 D. 800

7. 以下关于投资的 q 理论表述正确的是（　　）。

A. q 理论说明股票价格上升时，投资会减少

B. q 小于1，说明买旧的企业比新建更便宜，社会上不会有这方面的新投资

C. q 大于1，说明买旧的企业比新建更便宜，社会上不会有这方面的新投资

D. 理论反映了资本的前期报酬率与当期报酬率之间的关系

8. 以下不会引起均衡国民收入增加的是（　　）。

A. 自发消费的增加 B. 投资的增加

C. 税收的增加 D. 政府购买的增加

9. 在均衡产出水平上（　　）。

A. 非计划存货投资大于零 B. 非计划存货投资小于零

C. 非计划存货投资等于零 D. 计划存货投资等于零

10. 下列哪项经济政策将导致经济有最大增长？（　　）

A. 政府减少50亿元税收

B. 政府增加购买50亿元商品和劳务

C. 政府增加50亿元税收，然后将其悉数用于购买商品和劳务

D. 政府转移支付增加50亿元

11. 如果平均消费倾向为常数，则消费函数将是（　　）。

A. 在纵轴上有一正截距的向右上方倾斜的直线

B. 在纵轴上有一正截距的向右下方倾斜的直线

C. 通过原点向右上方倾斜的直线

D. 通过原点向右下方倾斜的直线

12. 经济已实现了充分就业的均衡，此时政府要增加10亿元的购买支出，为保持价格稳定，政府可以（　　）。

A. 增税大于10亿元 B. 增税小于10亿元

C. 增税10亿元 D. 减少10亿元的转移支付

二、多项选择题

1. 在凯恩斯国民收入决定理论中，乘数依赖于（　　）。

A. 货币供给的多少 B. 消费函数的斜率

C. 边际税率的高低 D. 实际利率的高低

2. 关于政府对社会总需求的影响，下列表述正确的有（　　）。

A. 通过政府采购直接影响社会总需求

多项选择题解析

B. 政府转移支付的增加会增加社会总需求

C. 企业税收的减少使得企业和个人的可支配收入增加，从而增加社会总需求

D. 政府税收的增加使得企业和劳动者的积极性下降，国民收入减少，从而减少社会总需求

3. 投资的增加意味着（　　）。

A. 生产能力的提高

B. 居民的收入及消费水平的提高

C. 利率水平的提高

D. 国民收入的增加

4. 当消费函数为 $C = \alpha + \beta Y$，平均消费倾向（　　）。

A. 随着收入的增加而递增　　　　B. 随着收入的增加而递减

C. 大于边际消费倾向　　　　　　D. 小于边际消费倾向

5. 如果边际储蓄倾向为 0.2，比例税率 t 为 0.25，那么，下列说法正确的有（　　）。

A. 投资乘数为 2.5　　　　　　　B. 政府购买支出乘数为 2.5

C. 税收乘数为 −2.5　　　　　　 D. 转移支付乘数为 2.5

6. 在二部门经济中，经济均衡时（　　）。

A. 计划支出等实际产出　　　　　B. 计划投资等于计划储蓄

C. 总收入等于总支出　　　　　　D. 计划出口等于实际进口

7. 凯恩斯的收入—支出模型（　　）。

A. 属于总需求分析

B. 属于总供给分析

C. 属于总需求与总供给分析

D. 属于短期分析

8. 国外需求的决定因素有（　　）。

A. 国外国民的收入水平　　　　　B. 国外国民的消费倾向

C. 国内产品和服务的价格　　　　D. 本国国民的收入水平

9. 凯恩斯的短期均衡国民收入决定理论的基本假设包括（　　）。

A. 价格水平不变　　　　　　　　B. 潜在国民收入不变

C. 投资不变　　　　　　　　　　D. 总供给不变

10. 政府购买支出乘数（　　）。

A. 与边际消费倾向同方向变化　B. 与边际储蓄倾向反方向变化

C. 与投资乘数的数值相同　　　D. 与税收乘数的绝对值相同

三、判断题

1. 在凯恩斯消费函数中，如果居民可支配收入等于零，则消费

判断题解析

支出也为零。 （　　）

2. 乘数和边际储蓄倾向同方向变化。 （　　）

3. 假设企业增加了购置新机器和新厂房的总额，则会导致收入的增加，从而引起消费支出的减少。 （　　）

4. 简单的均衡国民收入决定模型中，储蓄越多，则国民收入越多。 （　　）

5. 在其他条件不变时，政府减少税收和增加购买性支出同样数量，能够对国民收入的增加起到一样的政策效果。 （　　）

6. 凯恩斯认为，由于边际消费倾向递减，所以随着收入的增加，消费也随之增加，但消费增加不如收入增加得快。 （　　）

7. 古典经济学认为均衡国民收入应该由总需求决定。 （　　）

8. 当计划支出大于实际产出时，此时非计划存货投资大于0，此时企业会扩大生产规模。 （　　）

9. 开放经济条件下的乘数会大于封闭经济条件下的同一乘数。

（　　）

10. 在两部门经济中，如果边际储蓄倾向是0.4，那么投资乘数是5/3。 （　　）

分析题解析

四、分析题

1. 政府购买和政府转移支付都属于政府支出，为什么计算构成国民收入的总需求时只计算政府购买支出，而不包括政府转移支付？

2. 为什么一些西方经济学家认为，将一部分国民收入从富者转移给贫者，将提高总收入水平？

3. 税收政府购买和转移支付，这三者对总需求的影响有何区别？

4. 阐述消费函数和储蓄函数的关系。

5. 什么是"节俭的悖论"？进行解释说明。

计算题解析

五、计算题

1. 假设消费函数为 $C = 200 + 0.8Y_d$，投资 $I = 100$，税收函数为 $T = 0.2Y$，政府支出 $G = 60$，充分就业的收入水平为 $Y_f = 1200$。求：

（1）均衡国民收入。

（2）若其他条件不变，增加多少投资才能充分就业？

（3）若其他条件不变，增加多少政府购买才能充分就业？

2. 假设在某一个三部门经济中，初始均衡状态时已知变量为：税率 $t = 0.2$，均衡收入 $Y = 100$ 万元，边际消费倾向 $\beta = 0.8$。假设税率现在变为 $t' = 0.1$，政府购买减少10万元，求：

（1）新的均衡收入。

（2）税收变化量。

（3）政府预算盈余的变化量。

3. 已知边际消费倾向 $\beta = 0.8$，边际税率 $t = 0.25$，均衡时有一个 150 亿元的预算赤字，即 $G - T = 150$ 亿元，G 为政府购买支出，T 为净税收。求：要恰好消除赤字，需要：

（1）增加多少投资？

（2）改变多少政府购买支出？

（3）改变多少转移支付？

（4）改变多少自发性税收？

（5）同时等量增加政府购买支出和税收多少数额？

4. 假设消费函数为 $C = 170 + 0.8Y_d$，投资 $I = 50$，政府购买 $G = 100$，税收函数 $T = 0.2Y$，政府转移支付 $T_r = 50$。求：

（1）均衡的国民收入。

（2）预算盈余 BS 为多少？

（3）如果政府购买增加 36，预算盈余 BS 变化多少？

六、论述题

论述题解析

1. 试证明三部门经济中，定量税下的平衡预算乘数等于 1。

2. 比较分析生命周期假说和恒久收入假说。

第三章

短期经济波动模型：产品市场和货币市场的共同均衡

学习目标

通过本章的学习，学生应理解：

- IS 曲线（方程）的含义、推导过程及变化
- 产品市场的均衡及其影响因素
- LM 曲线（方程）的含义、推导过程及变化
- 货币市场的均衡及其影响因素
- IS –LM 模型的含义、推导过程及变化
- 产品市场与货币市场的共同均衡及其影响因素
- 政府财政政策及货币政策对市场的干预机制
- IS –LM 模型的缺陷与不足

本章概要

本章主要介绍以凯恩斯基本理论为基础的凯恩斯主义理论模型，重点介绍 IS –LM 模型。IS –LM 模型依然属于分析总需求方面的模型。这是对凯恩斯经济理论的最流行阐释，也是凯恩斯主义理论的主要内容。该模型涉及产品市场和货币市场分别达到均衡和变动所需的条件，以及两个市场同时达到均衡和变动所需的条件；并在此基础上探讨产品市场和货币市场运行中的相关含义和问题。

通过对 IS –LM 模型的学习，我们将更清楚地理解凯恩斯主义的经济理论、政策主张及其效果。

本章知识逻辑结构图

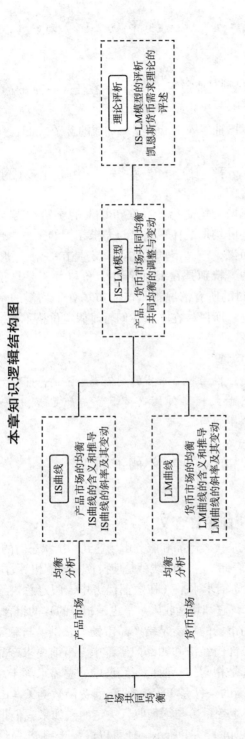

第一节 产品市场的均衡：IS曲线

IS－LM模型是要说明在短期内，在任何一种既定不变的物价水平上，究竟什么因素决定了均衡的国民收入及其变动。为了研究这一问题，我们先从IS曲线入手，学习IS曲线的含义、推导过程及影响因素。

习题

一、IS曲线的前提条件：产品市场的均衡

产品市场的均衡是指产品在市场上的供给和需求都相等时的情况。产品市场的均衡既体现供给与需求相等的关系，也对应于一定的价格水平。所以，产品市场的均衡一定是在一定价格水平上的均衡。但是在本章中，特别是在IS曲线中，价格并不是最重要的问题，因为IS曲线探讨的所有情况都是产品市场处于均衡的情况，只是均衡水平不同而已。所以，在本章我们暂时假定价格不变。

【知识点解读】

产品市场中供给和需求指的是宏观经济的总量，而不是微观经济中的个量。IS曲线探讨的所有情况都是产品市场处于均衡的情况，只是均衡水平不同而已。

二、IS曲线的含义和推导

（一）IS曲线的含义

IS曲线就是代表产品和服务市场达到均衡状态时的一条曲线。I代表投资，S代表储蓄，IS曲线就是使投资与储蓄相等时所代表均衡利率水平和计划投资需求水平（在短期经济中，假定总供给可以适应任何水平的总需求，它和均衡收入水平也是相等的）的组合点的集合。

所谓产品市场的均衡是指产品市场上总供给与总需求相等。在两部门经济、三部门经济和四部门经济中，事前要求产品市场达到均衡的条件基本都是相同的。两部门经济中，总需求等于总供给是指 $C+I=C+S$，均衡的条件是 $I=S$。假定消费函数为 $C=\alpha+\beta Y$，计划投资I是作为外生变量参与均衡收入决定的。如果我们把计划投资看作利率的函数，如图3-1所示，便可以进一步用IS曲线来说明产品市场均衡的条件。

IS曲线的含义

习题

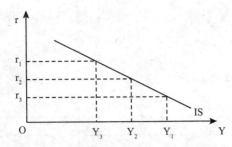

图 3 - 1　计划投资曲线（利率与计划投资的关系）

若投资函数为 $I = e - dr$（e 代表恒定的外生投资，d 代表计划投资需求对于利率变动的反应程度，r 代表利率），则均衡收入的公式就变为：

$$y = \frac{\alpha + e - dr}{1 - \beta}$$

（二）IS 曲线的推导

不少西方经济学家使用投资函数曲线和凯恩斯主义交叉图来推导 IS 曲线。这种方法如图 3 - 2 所示。

IS 曲线的推导

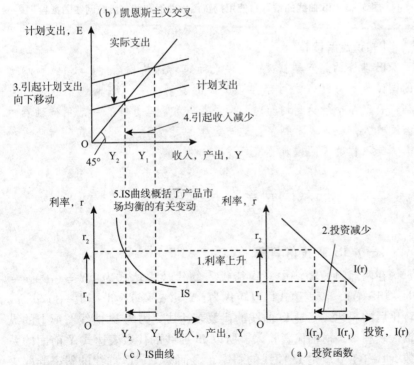

图 3 - 2　IS 曲线的推导：使用投资函数曲线和凯恩斯主义交叉图推导

实际上，推导 IS 曲线的图形也可以通过以利率求得产出（收入）的图形方式来推导，如图 3-3 所示。

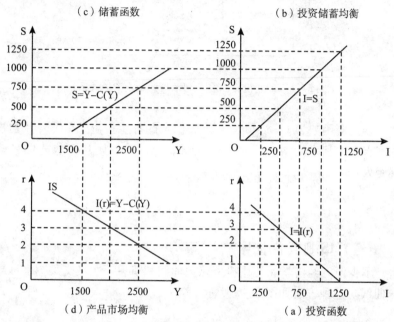

图 3-3　IS 曲线的推导：使用投资函数曲线和储蓄函数网线图推导

【知识点解读】

IS 曲线的经济学意义：要使产品市场保持均衡（$I=S$），则均衡的国民收入与利率之间存在着反向的变动关系。IS 曲线上的每一点都代表产品市场达到均衡时的国民收入和利率水平，一般用横轴表示国民收入，纵轴表示利率，这与数学的习惯不同，因此在分析曲线斜率、陡峭程度等问题时要格外注意。

三、IS 曲线的斜率及其变动

（一）IS 曲线的斜率

IS 曲线的斜率

在两部门的经济中，均衡收入的代数表达式为：$Y=(\alpha+e-dr)/(1-\beta)$，该表达式可以转化为：$r=(\alpha+e)/[d-(1-\beta)/d]Y$。转化后的表达式就是 IS 曲线的代数表达式。因为 IS 曲线图形上的纵轴代表利率，横轴代表收入，所以 IS 曲线的代数表达式 Y 前面的系数 $(1-\beta)/d$ 就是 IS 曲线的斜率，显而易见，IS 曲线的斜率既取决于 β，也取决于 d。

如果 d 的值较大，即投资对于利率变化比较敏感，那么 IS 曲线的斜率就较小，即 IS 曲线较平缓。这是因为，投资对利率较敏感时，利率的较小变动就会引起投资较大的变动，进而引起收入较大的变动。这反映在 IS 曲线上就是：利率的较小变动要求有收入的较大变动与之相配合，才能使产品市场均衡。

习题

β 表示边际消费倾向，如果 β 值较大，IS 曲线的斜率就较小。这是因为 β 值较大，意味着支出乘数较大，从而当利率变动引起投资变动时，收入就会以较大幅度变动，因而 IS 曲线就较平缓。当边际消费倾向 β 较大时，边际储蓄倾向较小，即储蓄曲线较平缓，因而 IS 曲线也较平缓。

在三部门经济中，由于存在税收和政府支出，消费成为可支配收入的函数，即 $C = \alpha + \beta(1-t)Y$，于是上述 IS 曲线的斜率就相应变为 $[1 - \beta(1-t)]/d$。在这种情况下，IS 曲线的斜率除了和 d、β 有关外，还和税率 t 的大小有关：当 d 和 β 固定时，税率 t 越小，IS 曲线就越平缓；t 越大，IS 曲线就越陡峭。这是因为在边际消费倾向一定时，税率越小，乘数就越大；税率越大，乘数就越小。

影响 IS 曲线斜率大小的主要是投资对利率变动的反应程度，因为边际消费倾向比较稳定，税率也不会轻易变动。

（二）IS 曲线的变动

从 IS 曲线的推导图 3 - 3 中可以看出，决定 IS 曲线的因素发生变动，IS 曲线就会随之变动。此外，影响总需求的各种政策也会影响 IS 曲线，使之发生变动。下面考虑 IS 曲线变动的几种情况。

IS 曲线的变动

1. 投资变化引起 IS 曲线变动

在同样的利率水平上，投资需求增加，IS 曲线向右上方移动。投资需求减少，IS 曲线向左下方移动。

2. 储蓄变化引起 IS 曲线变动

在同样的利率水平上，储蓄意愿增加，IS 曲线向左下方移动。投资需求减少，IS 曲线向右上方移动。

3. 消费变化引起 IS 曲线变动

在同样的利率水平上，消费需求增加，IS 曲线向右上方移动。消费需求减少，IS 曲线向左下方移动。在三部门经济中，IS 曲线是根据国民收入均衡的条件推导出来的。因此，I、G、S、T 中任何一条曲线的移动，或几条曲线同时移动，都会引起 IS 曲线移动。若考虑开放经济，进出口的变动也会引起 IS 曲线移动。总之，一切自发支出量的变动，都会使 IS 曲线移动。

4. 政府支出变化引起 IS 曲线变动

财政政策的各种变动都会影响总需求，因此也会影响 IS 曲线。增加政府购买支出，等同于增加投资支出，会使 IS 曲线向右平行移动。反之，IS 曲线向左平行移动。移动的幅度取决于两个因素，政府支出增量和支出乘数的大小。

5. 税收变化引起 IS 曲线变动

政府增加税收，引起 IS 曲线向左移动。这是因为，一笔税收的增加，如果是增加了企业的负担，则会使投资需求相应减少，使 IS 曲线向左移动。同样，一笔税收的增加，如果是增加了居民个人的负担，则会使他们的可支配收入减少，使它们消费支出相应减少，从而也会使 IS 曲线向左移动；反之，IS 曲线向右移动。

6. 政府转移支付变化引起 IS 曲线变动

政府转移支付实际上等于增加了人们的收入，因此，在边际消费倾向为正的情况下，可以增加消费。它导致的 IS 曲线变化与消费变化所产生的效果大致相同。

7. 国外需求变化引起 IS 曲线变动

国外需求的增加可以增加总需求，其减少则可以减少总需求，因此，它的增加或减少同国内总需求的增加或减少对 IS 曲线的作用是一样的。

增加政府支出、增加转移支付和减税，都属于增加总需求的扩张性财政政策；而减少政府支出、减少转移支付和增税，都属于降低总需求的紧缩性财政政策。因此，政府实行扩张性财政政策时，就表现为 IS 曲线向右移动；实行紧缩性财政政策时，就表现为 IS 曲线向左移动。实际上，西方学者提出 IS 曲线的重要目的之一就在于分析财政政策如何影响国民收入的变动。

【知识点解读】

IS 曲线斜率的经济学意义：一是反映影响产品市场中均衡国民收入的因素及影响程度；二是反映当经济处于不均衡时自动调整过程的时间长短。西方学者认为，影响 IS 曲线斜率大小的主要是投资对利率变动的反应程度，因为边际消费倾向比较稳定，税率也不会轻易变动。

【本节应掌握知识点】
- IS 曲线的含义及图形
- IS 曲线的推导过程
- 影响 IS 曲线变化的因素及变化方向

第二节　货币市场的均衡：LM 曲线

利率可以决定投资，并进而影响国民收入。为了进一步了解利率的决定，我们将学习 LM 曲线。

习题

一、货币需求的决定

（一）货币需求的动机

货币需求就是人们在不同条件下出于各种考虑而愿意持有一定数量货币的需要。

人们在一定时期所拥有财富的数量总是有限的，他们必须决定自己以何种形式来拥有财富。如果以货币形式拥有财富的比例越大，则以其他形式拥有财富的比例就越小。虽然以货币形式拥有财富具有极大的灵活性和便利性，但是拥有货币形式的财富不能使已有财富得到增值，而以其他资产形式（如证券、实物资本等）拥有财富，尽管在使用上不如货币方便，但是能带来一定的收益。所以，出于实际需要和利益的考虑，人们必须仔细权衡以货币形式保存财富的成本，从而在货币形式和其他资产形式之间保持适当的比例。

货币需求的决定
——货币需求的
动机

凯恩斯认为，人们持有货币或者说需要货币，是出于以下三类不同的动机。

1. 交易动机的货币需求

交易动机的货币需求具体指个人和企业为了进行正常的交易活动而持有货币的动机。由于收入与支出有时滞，人们取得收入和消费支出在时间上不是同步的，所以人们需要持有一部分货币在手中。个人和企业出于这种交易动机所需要的货币量，取决于收入水平、交易惯例和商业制度。而交易惯例和商业制度一般在短期内可定为固定不变。因此交易动机的货币需求量主要决定于收入，收入越高，交易数量越大，从而为应付日常开支所需的货币量就越大。

习题

2. 预防动机的货币需求

预防动机又称谨慎动机，是指人们需要货币是为了预防经济生活中预料之外的支出，如个人和企业为应付事故、失业、疾病等意外事件而需要事先持有一定数量的货币。货币的预防动机主要源于未来收入和支出的不确定性。西方经济学家认为个人对货币预防性需求的数量主要取决于他对意外事件的看法。但从全社会来看，这一货币需求量大体上也和收入成正比，是收入的增函数。

如果用 L 表示交易动机和预防动机所产生的全部实际货币需求量，用 Y 表示实际收入，则这种货币需求量和收入的关系可以表示为：

$$L_1 = L(Y)$$

或者

$$L_1 = kY$$

其中，k 代表出于上述两种动机所需要的货币量同实际收入的比例关系。Y 为具有不变购买力的实际收入。

3. 投机动机的货币需求

投机动机是指人们持有货币是为了在金融市场上抓住购买有价证券的有利机会。

市场价格是经常波动的，凡是预计债券价格将来会上涨（即预期利率将下降）的人，现在就会用货币买进债券以备日后以更高价格卖出；反之，凡是预计债券价格将来会下跌（即预期利率将上升）的人，现在就会卖掉债券，换成货币，以备日后债券价格下跌时再买进。这种预计债券价格将下跌（即预期利率上升）而需要把货币保留在手中的动机，就是对货币需求的投机动机。

可见，有价证券价格的未来不确定性是投机动机的必要前提。若人们认为有价证券价格已降低到正常水平以下（即利率已升到正常水平以上），预计很快会回升（即利率下降），就会抓住机会及时买进有价证券。于是，人们出于投机动机而手中持有的货币量就会减少。相反，人们若认为有价证券价格已上涨到正常水平以上（即利率已降到正常水平以下），预计就要下跌（即利率上升），就会抓住时机卖出有价证券。这样，人们出于投机动机而手中持有的货币量就会增加。

总之，对货币的投机需求取决于利率。如果用 L 表示货币的投机需求，用 r 表示利率，则这一货币需求量和利率的关系可表示为：

$$L_2 = L(r)$$

（二）"流动性陷阱"（"凯恩斯陷阱"）

流动性陷阱又称凯恩斯陷阱或流动偏好陷阱，具体是指当利率极低时，人们手中无论增加多少货币，都不会去购买有价证券，而要留在手中，因而流动性偏好趋向于无限大。这时候，即使银行增加货币供给，也不会再使利率下降。

这是因为，对利率的预期是人们调节货币和有价证券配置比例的重要依据，利率越高，货币需求量就越小。当利率极高时，这一需求量几乎等于零，因为人们认为，这时利率已不大可能再上升，或者说

货币需求的决定
——"流动性陷阱"

有价证券价格已不大可能再下降，所以，他们会将所持有的货币全部换成有价证券。反之，当利率极低时，人们会认为这时利率已不大可能再下降，或者说有价证券市场价格已不大可能再上升而只会下跌，因此，会将所持有的有价证券全部换成货币。这时，人们有了货币也绝不肯再去购买有价证券，以免证券价格下跌时遭受损失。

一般情况下，我们认为"流动性陷阱"往往出现在利率水平处于社会公认的最低点时。

【知识点解读】

当利率极低时，有价证券的价格会达到很高，人们为了避免因有价证券价格跌落而遭受损失，几乎每个人都宁愿持有现金而不愿持有有价证券，这意味着货币需求会变得完全有弹性，人们对货币的需求量趋于无限大，表现为流动偏好曲线或货币需求曲线的右端会变成水平线。

（三）货币需求函数

对货币的总需求是人们对货币的交易需求、预防需求和投机需求的总和。其中，货币的交易需求和预防需求取决于收入，而货币的投机需求则取决于利率，因此，对货币的总需求函数可表述为：

$$L = L_1 + L_2 = L(Y) + L(r) = kY - hr$$

式中，L、L_1 和 L_2 都代表对货币的实际需求，具有不变购买力的实际货币需求量。k 和 h 是常数。k 表示收入增加时，货币需求增加多大比例，这是货币需求关于收入变动的系数（货币需求的收入弹性）；h 表示当利率提高时货币需求的增加比率，这是货币需求关于利率变动的系数（货币需求的利率强性）。

名义货币量和实际货币量是有区别的，名义货币量是不问货币购买力如何仅计算其票面值的货币量。把名义货币量折算成具有不变购买力的实际货币量，必须用价格指数加以调整。如用 L_0、L 和 P 依次代表名义货币需求量、实际货币需求量和价格指数，则有：

$$L = \frac{L_0}{P}$$

或者

$$L_0 = PL$$

由于 $L = kY - hr$ 仅代表对货币的实际需求量或者说需求的实际货币量，因此，名义货币需求函数还应是实际货币需求函数乘以价格指数，即：

$$L_0 = (kY - hr)P$$

如果知道了 k、h、Y、r 和 P 之值，就不难求得货币总需求量。

货币需求的决定
——货币需求
函数

图 3-4（a）中垂线 L_1 表示满足交易动机和预防动机的货币需求曲线，它与利率无关，因而垂直于横轴。曲线 L_2 表示满足投机动机的货币需求曲线，它向右下方倾斜，表示货币的投机需求量随利率下降而增加，最后为水平状，表示"流动性陷阱"。图 3-4（b）中的 L 线则包括 L_1 和 L_2 在内的全部货币需求，其纵轴表示利率，横轴表示货币需求量。这条货币需求曲线表示在一定收入水平上货币需求量和利率的关系。利率上升时，货币需求量则减少；利率下降时，货币需求量则增加。

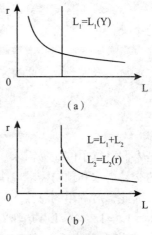

图 3-4 货币需求曲线

图 3-5 中，三条货币需求曲线分别代表收入水平为 Y_1、Y_2 和 Y_3 时的货币需求曲线。由图 3-5 可见，货币需求量与收入的正向变动关系通过货币需求曲线向右和左的移动来表示，而货币需求量与利率的反向变动关系则通过每一条需求曲线都向右下方倾斜来表示。

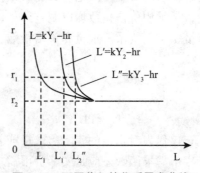

图 3-5 不同收入的货币需求曲线

二、货币供给的决定

货币供给的决定

货币的供给是中央银行根据经济活动的需要发行的，与市场利率变动无关。在凯恩斯的货币理论中，货币供给就是由中央银行独立决定的，是外生变量。但是，在货币运行机制中，货币供给量也会由于货币创造乘数的作用而增大。

（一）早期的利率决定观点

早期的西方经济学认为，利率是由金融市场上的可贷资金供给和可贷资金需求共同决定的。投资是可贷资金的需求，储蓄是可贷资金的供给。投资和储蓄只与利率相关。一方面，利率是调节投资和储蓄的因素和机制。投资是利率的减函数，即利率越低，同样情况下，人们就越愿意增加投资；相反，利率越高，人们就越会减少投资。储蓄是利率的增函数，即利率越高，人们越愿意储蓄，从而储蓄越多；利率越低，人们就越不愿储蓄，从而储蓄越少。另一方面，当可贷资金的供求相等，即投资与储蓄相等时，均衡的利率就被决定了。

（二）后来的利率决定观点

1. 早期与后来利率决定观点的区别

凯恩斯的理论否定了早期利率决定的观点，认为储蓄不仅取决于利率，更重要的是受收入水平的影响。收入是消费和储蓄的源泉，只有收入增加了，消费和储蓄才会增加；收入不增加，即使利率提高，储蓄也无从增加。如果不知道收入水平的高低，就无法建立储蓄与利率的函数关系。而如果不能确定储蓄函数，也就不能确定利率，从而也不能确定投资水平和国民收入水平。

后来的理论认为，利率不是由储蓄和投资决定的，而是由货币的供给量和需求量所决定的。现在的西方经济学教科书中，一般将 M_1（包括全部纸币和硬币、活期存款及相应信用）和定期存款之和即 M_2，作为货币供给量（狭义的）来看待。

2. 关于货币市场均衡和均衡利率的决定

宏观经济学认为，利率取决于货币市场的均衡，即货币市场上的货币供给量和货币需求量相等。当货币供给等于货币需求时，货币市场达到均衡状态。

货币供给是一个存量概念，它是一个国家在某一时点上所保持的所有硬币、纸币和银行存款的总和。货币供给量是由国家通过货币政策来调节的，因而是一个外生变量，其大小与利率高低无关。货币供给曲线是一条垂直于横轴的直线。如图 3-6 中的直线 M。货币供曲线 M 和货币需求曲线 L 相交的点 E 就决定了均衡的利率水平 r_0。这表示，当货币供给量等于货币需求量时，货币市场就达到了均衡状态。当市场利率低于均衡利率 r_0 时，货币的供求处于不均衡状态，市场上对货币的实际需求大于实际的货币供给，也大于经济处于均衡状态时所应有的实际货币需求。这种较大货币需求量的情况一直要到均衡利率对应的货币供求相等时才会消失。反之，当市场利率高于均衡利率 r_0 时，说明货币需求暂时小于货币供给。这种情况也一直要到均衡利率对应的货币供求相等时才消失。

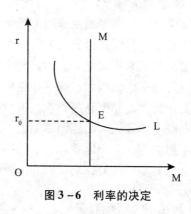

图 3 - 6　利率的决定

【知识点解读】

上面是在假设货币供给曲线和需求曲线都不变动条件下的情况。实际上，货币需求曲线和货币供给曲线都会变动。

当人们对货币的需求出于某种原因而增加时，货币需求曲线就会移动；当政府调整货币供给时，货币供给曲线就会移动。

如图 3 - 7 所示，如果货币需求和货币供给发生变动，利率就会受到二者的共同影响，在移动后的新交点上达到均衡。

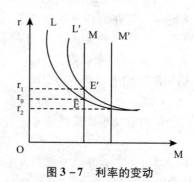

图 3 - 7　利率的变动

三、LM 曲线的含义和推导

（一）LM 曲线的含义

LM 曲线是货币市场均衡利率与产出水平各组合的集合，为满足货币市场的均衡条件下的收入 y 与利率 r 的关系的图形。

假定 M 代表实际货币供给量，货币市场的均衡就是 $M = L = L(Y) + L(r) = kY - hr$。从这个等式中可知，当 M 为一定量，$L(Y)$ 增加时，$L(r)$ 必须减少，否则不能保持货币市场的均衡。$L(Y)$ 是货币的交易需求（由交易动机和预防动机引起），它随收入增加而增加。$L(r)$ 是货币的投机需求，它随利率上升而减少。因此，国民收入增加使货币交易需求增加时，利率必须相应提高，从而使货币投机需求减少，才能维持货币市场原来的均衡；反之，收入减少时，利率必须相应下降，否则，货币市场就难以保持原来的均衡。

总结来说，当 M 给定时，$M = kY - hr$ 的公式可以表示为满足货币市场的均衡条件下的收入 Y 与利率 r 的关系，这一关系的轨迹就称为 LM 曲线。

LM 曲线的含义

习题

（二）LM 曲线的推导

由于货币市场均衡时 $M = kY - hr$，因此有：

$$Y = \frac{hr}{k} + \frac{M}{k}$$

或者

$$r = \frac{kY}{h} - \frac{M}{h}$$

LM 曲线的推导

由于该曲线图形的纵坐标表示的是利率，横坐标表示的是收入，因此，上面的一般公式就代表 LM 曲线。

LM 曲线即货币市场均衡曲线。它显示能使实际货币需求等于供给的所有利率与收入水平的组合。沿着 LM 曲线，货币市场处于均衡状态。LM 曲线的斜率为正。收入上升，会增加货币需求量，为维持既定 LM 曲线不变，即货币需求量等于固定的货币供给量，利率水平必须提高。因此维持原来的货币市场的均衡意味着，收入上升，利率水平也应该与其相适应地同时上升。

将实际货币需求量与固定的实际货币供给量相结合，使二者相等，就可直接获得 LM 曲线。要使货币市场处于均衡状态，需求量必须等于供给量，即：

$$\frac{\overline{M}}{P} = kY - hr$$

求出利率，

$$r = \frac{1}{h}\left(kY - \frac{\overline{M}}{P}\right)$$

该关系式就是 LM 曲线。

从上述分析可以看到，LM 曲线实际上是从货币的投机需求与利率的关系、货币的交易需求与收入的关系，以及货币需求与供给相等的关系中推导出来的。将一系列使货币市场均衡的利率和收入组合点连接起来的轨迹，就是 LM 曲线。LM 曲线表示，这条曲线上任何一点所代表的利率与所相应的国民收入都会使货币供给量（M）等于货币需求量（L）。

【知识点解读】

利率是由货币市场上的供给和需求的均衡决定的。而货币的供给量是由货币当局所控制，即由代表政府的中央银行所控制，因而假定它是一个外生变量。在货币供给量既定的情况下，货币市场的均衡只能通过调节货币需求来实现。

（三）从货币市场均衡角度推导 LM 曲线

LM 曲线也可以直接从货币市场均衡过程推导出来。

在图 3－8（a）中，随着收入的增加，消费需求量的上升会提高对货币的需求量，在实际货币供给量不变时，要维持货币市场的均衡，就需要提高利率（从 r_1 上升到 r_2）来降低货币的投机需求；而相应地，在图 3－8（b）中，以 Y_2 和 Y_1 两点间距离表示收入的增加量，并在这两点上分别作横轴的垂线；再将图 3－8（a）中，货币供给曲线上与变化前后的两条货币需求曲线 $L(r, Y_1)$ 和 $L(r, Y_2)$ 的交点决定的利率 r_1 和 r_2，分别作水平线延伸至图 3－8（b）中

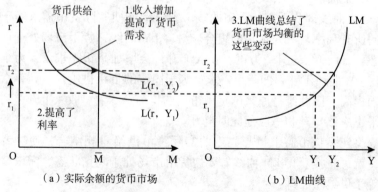

（a）实际余额的货币市场　　　　　（b）LM 曲线

图 3－8　LM 曲线的推导

与从 Y_1 和 Y_2 延伸出的两条垂线分别相交于（Y_1，r_1）点和（Y_2，r_2）点。依此同样方法，可找出许多类似的利率与收入的交点。这些交点的轨迹就是一条 LM 曲线。

除去上面的推导方法外，LM 曲线也可以通过下面的方式，从利率和产出推导出来（见图 3 - 9）。

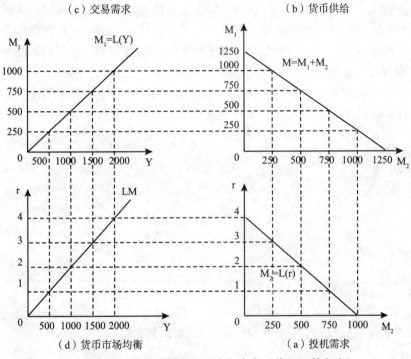

图 3 - 9　LM 曲线的推导（利率和产出（收入）的角度）

四、LM 曲线的斜率和变动

LM 曲线的斜率

（一）LM 曲线的斜率

从 LM 曲线的推导图可以看到，LM 曲线的斜率取决于货币的投机需求曲线和交易需求曲线的斜率，实际上也就是取决于 $r = kY/h - M/h$ 式中 k 和 h 的值。这一公式就是 LM 曲线的代数表达式，而 k/h 是 LM 曲线的斜率。

LM 曲线斜率的大小取决于以下两个因素。

（1）货币需求对收入的敏感系数 k。当 h 为定值时，k 越大，即货币需求对收入变动的敏感程度越高，则 k/h 就越大，于是 LM 曲线就越陡峭。

（2）货币需求对利率的敏感系数 h。当 k 为定值时，h 越大，即

习题

货币需求对利率的敏感程度越高，则 k/h 就越小，因而 LM 曲线就越平缓。

LM 曲线上的
三个区域

（二）LM 曲线上的三个区域

1. 凯恩斯区域

在图 3－10 中，当利率降到 r_1 时，货币投机需求曲线的这一部分就变成了一条水平线。因而 LM 曲线上也相应有一段水平状态的区域。也就是说，如果利率一旦降到这样低的水平，政府实行扩张性货币政策时，增加货币供给量，并不能进一步降低利率，从而也不能增加收入、推动经济复苏，因而实行货币政策是无效的。相反，实行扩张性财政政策，使 IS 曲线向右移动，收入水平就会在利率不发生变化的情况下提高。因而，实行财政政策会有显著效果。

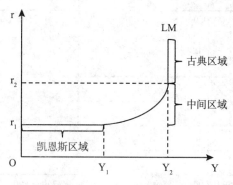

图 3－10　LM 曲线的三个区域

凯恩斯认为，20 世纪 30 年代经济大萧条时期，西方国家的经济就属于这种情况。为此，LM 曲线呈水平形状这个区域就被称为"凯恩斯区域"或"萧条区域"。

2. 古典区域

与利率降到 r_1，相反，如果利率上升到相当高的水平时，货币的投机需求量将趋近于零。这时候，人们除了因交易需求还必须持有一部分货币外，再也不会为投机而持有货币。由于货币的投机需求等于零，因此，图 3－10 中的货币投机需求曲线表现为，从利率 r_2 以上是一条与纵轴相平行的垂直线，不管利率再上升到 r_2 以上多高，货币投机需求量都是零，人们的手持货币量都只是交易需求量。这样，LM 曲线从利率为 r_2 开始，就成为一段垂直线。西方经济学家认为，这时候如果实行扩张性财政政策使 IS 曲线向右上方移动，只会提高利率而不会使收入增加。但如果实行使 LM 曲线右移的扩张性财政政策，则不但会使利率下降，还会提高收入水平。因此，这时候财政政策无效而货币政策有效。

3. 中间区域

"古典区域"和"凯恩斯区域"之间这段 LM 曲线是中间区域。LM 曲线的斜率在"古典区域"为无穷大，在"凯恩斯区域"为零，在中间区域则为正值。这从图 3 – 10 可以清楚地看出，从 LM 曲线的代数表达式 r = kY/h – M/h 中也能得到说明。LM 曲线的斜率是 k/h，h 是货币需求的利率弹性系数。当 h = 0 时，k/h 为无穷大，因此，LM 曲线在"古典区域"是一条垂直线；当 h 为无穷大时，其斜率值 k/h 为零，因此，LM 曲线在"凯恩斯区域"是一条水平线；而当 h 介于零和无穷大之间的任何值时，由于 k 一般总是正值，因此 k/h 的值为正。

（三）投机需求变动引起的 LM 曲线变动

货币投机需求曲线移动，会使 LM 曲线发生方向相反的移动，即如果投机需求曲线右移（即投机需求增加），而其他情况不变，则会使 LM 曲线左移。原因是，同样利率水平上现在投机需求量增加了，而货币供给量不变时，如果货币的投机需求必须满足，交易需求量必须减少，才能保证货币市场的均衡。这样，从货币市场均衡的角度出发，就必然要求社会的国民收入水平下降。

投机需求变动
引起的 LM 曲线
变动

（四）交易需求变动引起的 LM 曲线变动

货币交易需求变动会使 LM 曲线发生相同方向的移动，即如果交易需求曲线右移（即交易需求增加），而其他情况不变时，也会使 LM 曲线右移。原因是，原货币供给量对应于增加的交易需求而言，完成同样交易量所需要的货币量减少了，也就是说原来一笔货币现在能够完成更多国民收入的交易了。

交易需求变动
引起的 LM 曲线
变动

（五）实际货币供给量的变动引起的 LM 曲线变动

由上面的分析可以看出，当名义货币供给量不变时，价格水平如果下降就意味着实际货币供给增加，货币供给曲线 M/P 就会右移，导致 LM 曲线向右移动。相反，如果价格水平上升，LM 曲线就向左移动。认识到这一点，对于以后认识总需求曲线的推导很有意义。

实际上，货币量的变动与货币政策有关，扩张性货币政策涉及增加名义货币供给量，紧缩性货币政策涉及减少名义货币供给量。当然，利率变动的政策也会导致实际货币供给量的变动，利率下降意味着实际货币供给量增加，利率上升意味着实际货币供给量减少。因而，货币政策也会影响 LM 曲线发生变动。

实际货币供给
量的变动引起的
LM 曲线变动

【知识点解读】

上述 LM 曲线移动的情况都是在货币的投机需求曲线和交易需求曲线斜率不变时发生的，即在 h 和 k 的值都不变时发生的。如果 h 和 k 的值发生变化，则会使 LM 曲线发生转动而不是移动。如果 h 由小变大，即货币需求对利率的敏感度逐渐增强，则会使 LM 曲线发生顺时针方向转动；反之，则发生逆时针方向转动。如果 k 由小变大，即货币需求对收入的敏感度逐渐增强，则会使 LM 曲线发生逆时针方向转动；反之，则会发生顺时针方向转动。

【本节应掌握知识点】

- 货币供给曲线和货币需求曲线
- 货币需求的决定
- 利率的决定
- LM 曲线的推导和经济含义
- LM 曲线斜率和变动

第三节　产品市场和货币市场的共同均衡：IS - LM 模型

市场的一般均衡是产品市场与货币市场共同达到均衡时的结果，因此，要探讨市场的一般均衡是如何达到的，就必须从产品市场与货币市场两方面入手，弄清利率与国民收入对市场均衡的作用原理。本节主要围绕 IS - LM 模型进行详解。

封闭经济中，消费支出与投资支出共同决定与总供给相等时的总有效需求，并借此决定总收入水平。在短期，由于边际消费倾向稳定，因而有效需求主要受投资支出（投资量）的影响，而投资支出在短期主要围绕利率水平波动，因此，必须考察货币的需求与供给状况。根据凯恩斯的货币需求理论，货币供给由中央银行决定，不可变。货币需求取决于货币的交易需求（决定于收入水平）与投机需求（决定于利率水平）。可见，在产品市场上，要决定收入必须先决定利率；在货币市场上，要决定利率必须先决定收入。倘若割裂两市场进行分析必然会陷入循环推论困局之中。其中，因果路径可以简要表示为"利率水平→投资水平→收入水平→货币需求水平→利率水平"。

为解决这一问题，凯恩斯学派在凯恩斯宏观经济理论（IS、LM 模型）基础上，概括出一个新的经济分析模式——IS - LM 模型。IS - LM

模型通过将产品市场（IS 模型）、货币市场（LM 模型）统筹纳入理论研究，从而有效地破解了循环推论问题，继而顺利成为研究产品市场与货币市场一般均衡的模型。而这就是 IS－LM 模型价值所在。

一、产品市场与货币市场共同均衡的含义

产品市场与货币市场共同均衡的含义

在 IS 曲线上，有很多利率与收入的组合可以使产品市场均衡；在 LM 曲线上，也有很多利率和收入的组合可以使货币市场均衡。但在一定条件下，能够使商品市场与货币市场同时达到均衡的利率和收入的组合点却只有一个。该组合点上，产品市场与货币市场共同均衡即两市场同时达到均衡状态。若用 IS－LM 模型表示，则共同均衡时的组合点表示为 IS 曲线和 LM 曲线的交点，亦就是 IS—LM 模型的均衡点，其数值可以通过求解 IS 曲线和 LM 曲线的联立方程得到。

习题

【知识点解读】

（1）应注意 IS－LM 模型与 IS、LM 模型研究均衡问题的异同。

异：①考虑的市场范围不同。②市场均衡点不同。

IS 模型→很多使产品市场达到均衡的利率与收入组合；LM 模型→很多使货币市场达到均衡的利率与收入组合。IS－LM 模型→有且仅有一个使产品市场与货币市场同时达到均衡的利率与收入的组合点。

同：①考察对象均为能够使市场达到均衡的利率与收入组合。②均为静态分析。

（2）尽管从图形上看，IS 曲线和 LM 曲线可以有无数个交点，但具体的和实际的 IS－LM 模型的均衡点却是唯一的。

二、产品市场和货币市场的共同均衡与失衡

产品市场和货币市场的共同均衡与失衡

市场均衡指的是，当市场可以达到均衡状态，且投资、储蓄、货币需求和供给的关系不变，则任何失衡状况的出现都是暂时的，最终会趋向均衡。IS－LM 模型中，IS、LM 的交点即为市场均衡点，该点上的利率与国民收入组合令产品市场、货币市场同时达到均衡。通过对市场失衡状况的研究，可以深刻理解市场均衡概念。

考虑在一个封闭经济体（三部门）中，IS－LM 曲线将坐标平面顺时针依次分成了Ⅰ、Ⅱ、Ⅲ、Ⅳ。以位于Ⅲ区域的 A 点为例来分析这四个区域中产品市场和货币市场的供求状况：

如图 3－11 所示，首先，需要明确：IS 曲线上任一点都符合投资等于储蓄，即 I＝S 均衡；LM 曲线上任一点都符合货币供给等于货币需求，即 L＝M 均衡。

习题

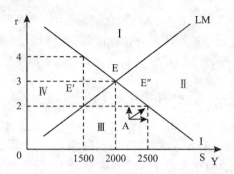

图 3 - 11　产品市场和货币市场的一般均衡

其次，先观察 IS 和 LM 相交的均衡点 E。在这里，E 既满足产品市场的均衡（I = S），亦满足货币市场的均衡（L = M），记均衡点为（y^*，r^*）。之后观察位于区域Ⅲ的 A 点。

（1）产品市场分析。A 点位于 IS 曲线下方，并由图易知，A 点处的 $r < r^*$，即 A 点利率低于市场均衡利率，此时的相对低利率会刺激投资而抑制储蓄，因此有 I > S。而在产品市场上，总需求（总支出）= C + I + G；总供给（总产出）= C + S + G。所以此时总需求 > 总供给，即产品市场上存在超额的产品需求。

（2）货币市场分析。A 点位于 LM 曲线下方，由图 3 - 11 可知，A 点的 $r < r^*$，即 A 点利率低于均衡利率，因为货币需求（L）= kY - hr，因此低利率压制了货币投机需求（hr），而使总的货币需求（L）上升，此时在货币市场上出现了 M < L，即存在超额货币需求的非均衡。若想从 A 点恢复到均衡点 E，则需要提高利率（向上靠近 LM 曲线）和提高收入（向右靠近 IS 曲线）。

再次，同理可进行其他三区域的分析。最终的结果如表 3 - 1所示。

表 3 - 1　　　　　　　　　四种不同组合的 IS - LM 模型

区域	产品市场	货币市场
Ⅰ	I < S，有超额产品供给	L < M，有超额货币供给
Ⅱ	I < S，有超额产品供给	L > M，有超额货币需求
Ⅲ	I > S，有超额产品需求	L > M，有超额货币需求
Ⅳ	I > S，有超额产品需求	L < M，有超额货币供给

最后，这四个区域的各种不同组合的 IS 和 LM 的非均衡状态，会得到调整。IS 不均衡会导致收入变动：投资大于储蓄会导致收入上升，投资小于储蓄会导致收入下降；LM 不均衡会导致利率变动：

货币需求大于货币供给会导致利率上升，货币需求小于货币供给会导致利率下降。这种调整最终都会趋向于均衡收入和均衡利率。

【知识点解读】

一般解求法

①IS 曲线（方程）：$I(r) = S(y)$。

②LM 曲线（方程）：$M = L(Y) + L(r)$。

由于货币供给量 M 被假定为不变，因此，在这个二元方程组中，变量只有利率 r 和收入 Y，解出这个方程组，就可以得到 r 和 Y 的一般解。这个一般解就是市场均衡点，也就是 IS、LM 曲线的交点。

三、产品市场和货币市场共同均衡的调整和变动

IS－LM 模型最重要的意义就是其均衡点的变动可以和经济政策相联系。经济在 IS 曲线与 LM 曲线的交汇点可能同时实现了产品市场和货币市场的均衡。然而，这一均衡不一定是充分就业的均衡。充分就业的均衡是指经济中只有自然失业时的均衡水平。倘若交汇均衡点偏离充分就业均衡，则必须依靠政府财政政策或货币政策予以调节，否则仅靠市场的自发调节，无法实现充分就业均衡。

产品市场和货币市场共同均衡的调整和变动

财政政策指的是以政府变动支出与税收来调节国民收入，在 IS－LM 模型中，主要影响 IS 曲线位置。若经济处于衰退时期，那么政府会增加支出，或降低税收，抑或两者双管齐下，即实行扩张性财政政策，IS 曲线就会向右上方移动；反之，若经济处于过热时期，政府便会缩减支出，或提高税收，抑或两者双管齐下，即实行紧缩型财政政策，IS 曲线向左下方移动。

习题

货币政策指的是政府通过货币当局（中央银行）用变动货币供应量的办法来改变利率与收入，在 IS－LM 模型中，主要影响 LM 曲线位置。当社会有效需求不足时，中央银行往往会增加货币供给量，即实施扩张性货币政策时，LM 曲线向右下方移动；反之，若经济过热，社会总需求大于总供给，此时中央银行通常会减少货币供给量，即实施紧缩型货币政策时，LM 曲线向左上方移动。

政府可以通过财政、货币政策分别或同时改变税收 T、政府支出 G 和货币供给量 M，来分别或同时改变 IS 曲线和 LM 曲线的位置，使二者相交于 Y^*（充分就业时的收入）的垂直线上，以实现充分就业。考虑以下三种情况。

1. IS 曲线变动，LM 曲线不变

从图 3－12 中可以看到，IS 曲线和 LM 曲线移动时，不仅收入会变动，利率也会变动。当 IS 曲线不变而 LM 曲线向右移动时，不仅

收入提高，利率也上升。这是因为，IS 曲线右移是由于投资、消费或政府支出的增加，即总支出的增加。总支出的增加使产出和收入增加。收入增加了，对货币的交易需求也会增加。由于货币供给量不变，因此，人们只能通过出售有价证券来获取从事扩大交易所需要的货币。这就会使有价证券价格下降，利率上升。依据同样的道理，我们也可以说明，LM 曲线不变而 LS 曲线向左下方移动时，收入和利率都会下降。

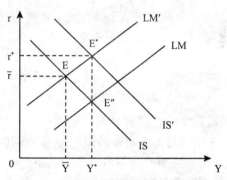

图 3 - 12　均衡收入与均衡利率的变动

2. IS 曲线不变，LM 曲线变动

IS 曲线不变而 LM 曲线向右移动，收入会提高，利率会下降。这是因为，LM 曲线向右移动，或者是由于货币供给不变而货币需求下降，或者是由于货币需求不变，货币供给增加。在 IS 曲线不变，即产品供求情况没有变化的情况下，凡 LM 曲线向右移动，都意味着货币市场上供过于求，这必然导致流量下降。利率下降将会刺激消费需求和投资需求，从而使收入增加。相反，当 LM 曲线向左上方移动时，则会使利率上升，收入下降。

3. IS 曲线变动，LM 曲线变动。

如果 IS 曲线和 LM 曲线同时移动，则视具体情况而定。如果 IS 曲线向右上方移动，LM 同时向右下方移动，则可能出现收入增加而利率不变的情况（这就是所谓扩张性的财政政策和"适应性货币政策"相结合出现的情况）。

【知识点解读】

总而言之，政府可以通过财政政策和货币政策的运用，使 IS 曲线或 LM 曲线变动，从而克服市场自发调节的弊端，导致均衡点变动，以达到调控宏观经济的既定目的。

【本节应掌握知识点】

- IS – LM 模型
- 产品市场与货币市场均衡含义及均衡点求解
- 财政政策及货币政策的政策搭配问题

本章练习题

一、单项选择题

1. IS 曲线上的每一个点都表示使（　　）。

A. 投资等于储蓄的收入和利率的组合

B. 投资等于储蓄的均衡的货币量

C. 货币需求等于货币供给的均衡货币量

D. 产品市场和货币市场同时均衡的收入

单项选择题解析

2. IS 曲线表示（　　）。

A. 收入增加使利率下降

B. 收入增加使利率上升

C. 利率下降使收入增加

D. 利率下降使收入减少

3. 政府支出的增加使 IS 曲线（　　）。

A. 向左移动　　　　　　　B. 向右移动

C. 保持不变　　　　　　　D. 斜率增加

4. 一般地，LM 曲线的斜率（　　）。

A. 为正　　　　　　　　　B. 为负

C. 为零　　　　　　　　　D. 可正可负

5. 一般地，位于 LM 曲线左方的收入和利率组合，都是（　　）。

A. 货币需求大于货币供给的非均衡组合

B. 货币需求等于货币供给的均衡组合

C. 货币需求小于货币供给的非均衡组合

D. 产品需求等于产品供给的非均衡组合

6. 价格水平上升时，会（　　）。

A. 减少实际货币供给，LM 曲线右移

B. 减少实际货币供给，LM 曲线左移

C. 增加实际货币供给，LM 曲线右移

D. 增加实际货币供给，LM 曲线左移

7. IS – LM 模型研究的是（　　）。

A. 在利率与投资不变的情况下，总需求对均衡的国民收入的决定

B. 在利率与投资变动的情况下，总需求对均衡的国民收入的决定

C. 把总需求与总供给结合起来，研究总需求和总供给对国民收入和价格水平的影响

D. 考虑价格变动因素时，研究总需求对均衡国民收入的影响

8. IS 曲线右上方，LM 曲线右下方的组合表示（　　）。

A. 产品求大于供，货币求大于供

B. 产品供大于求，货币求大于供

C. 产品求大于供，货币供大于求

D. 产品供大于求，货币供大于求

9. 自发性消费增加 10 亿美元，会使 IS 曲线（　　）。

A. 右移支出乘数乘以 10 亿美元

B. 左移支出乘数乘以 10 亿美元

C. 右移 10 亿美元

D. 左移 10 亿美元

10. 其他条件不变时，（　　），IS 曲线向右移动。

A. 货币投机需求增加　　　　　B. 货币供给量增加

C. 政府购买增加　　　　　　　D. 自发性投资减少

二、多项选择题

多项选择题解析

1. 下列情况会使 IS 曲线向右移动的有（　　）。

A. 投资需求增加　　　　　　　B. 储蓄意愿增加

C. 增加政府购买指出　　　　　D. 减少政府购买指出

2. 会使 LM 曲线向左移动的情况有（　　）。

A. 货币供给减少　　　　　　　B. 货币供给增加

C. 价格水平上升　　　　　　　D. 价格水平下降

3. 货币供给增加使 LM 右移 $\Delta m \cdot 1/k$，若要均衡收入变动接近于 LM 的移动量，则必须是（　　）。

A. LM 平缓　　　　　　　　　B. LM 陡峭

C. IS 陡峭　　　　　　　　　D. IS 平缓

4. 政府支出增加使 IS 右移 $kg \cdot \Delta G$（kg 是政府支出乘数），若要均衡收入变动接近于 IS 的移动量，则必须是（　　）。

A. LM 平缓　　　　　　　　　B. LM 陡峭

C. IS 陡峭　　　　　　　　　D. IS 平缓

5. 下列哪种情况中"挤出效应"可能很大？

A. 货币需求对利率不敏感

B. 货币需求对利率敏感

C. 私人部门支出对利率敏感

D. 私人部门支出对利率不敏感

6. "挤出效应"发生于（   ）。

A. 货币供给减少使利率提高，挤出了对利率敏感的私人部门支出

B. 私人部门增税，减少了私人部门的可支配收入和支出

C. 政府支出增加，提高了利率

D. 利率提高，挤出了对利率敏感的私人部门支出

7. 一般来说，位于 IS 曲线左下方收入和利率的组合，都是（   ）。

A. 投资大于储蓄　　　　　　　B. 投资小于储蓄

C. 均衡组合　　　　　　　　　D. 非均衡组合

8. 提高税率如何影响均衡收入水平和均衡利率（   ）。

A. 均衡收入变大　　　　　　　B. 均衡收入变小

C. 均衡利率变小　　　　　　　D. 均衡利率变大

9. 设想货币需求下降，在凯恩斯理论中，均衡产出与利率发生什么变化（   ）。

A. 均衡收入变大　　　　　　　B. 均衡收入不变

C. 均衡利率变小　　　　　　　D. 均衡利率不变

10. 设想货币需求下降，在古典理论中，均衡产出与利率发生什么变化（   ）。

A. 均衡收入变大　　　　　　　B. 均衡收入不变

C. 均衡利率变小　　　　　　　D. 均衡利率不变

三、判断题

1. IS 曲线描述了利率与储蓄的关系。　　　　　　（   ）

2. 利率变动会引起 IS 曲线移动。　　　　　　　　（   ）

3. 如果投资并不取决于利率，那么 LM 曲线是水平的。（   ）

4. 如果投资并不取决于利率，那么 IS 曲线是垂直的。（   ）

5. 如果货币需求并不取决于利率，那么 IS 曲线是水平的。
　　　　　　　　　　　　　　　　　　　　　　（   ）

6. 如果货币需求并不取决于利率，那么 LM 曲线是垂直的。
　　　　　　　　　　　　　　　　　　　　　　（   ）

7. 如果货币需求并不取决于收入，那么 LM 曲线是水平的。
　　　　　　　　　　　　　　　　　　　　　　（   ）

8. IS – LM 模型中税收增加将会引起 LM 曲线的移动。（   ）

9. 货币供给减少引起 IS – LM 模型中 IS 曲线移动。　（   ）

10. IS – LM 模型中政府购买增加引起 IS 曲线移动。　（   ）

判断题解析

分析题解析

计算题解析

四、分析题

1. 影响 IS 曲线移动的原因有哪些？
2. 简述凯恩斯的货币需求理论。
3. 用图形说明产品市场和货币市场从失衡到均衡的调整。
4. 为什么 IS 曲线向右下方倾斜？
5. 为什么 LM 曲线向右上方倾斜？

五、计算题

1. 假定一个只有家庭和企业的两部门经济中，消费 $C = 100 + 0.8Y$，投资 $I = 150 - 6r$，名义货币供给 $M = 250$，价格水平 $P = 1$，货币需求 $L = 0.2Y + 100 - 4r$。

（1）求 IS 和 LM 曲线。

（2）求产品市场和货币市场同时均衡时利率和收入。

2. 假设货币需求 $L = 0.2y - 10r$，货币供给为 200 元，$c = 60 + 0.8y$，$t = 100$，$i = 150$，$g = 100$。

（1）求 IS 和 LM 方程。

（2）求均衡收入、利率和投资。

（3）政府支出从 100 美元增加到 120 美元时，均衡收入、利率和投资有何变化？

3. 已知某小国在封闭条件下的消费函数为 $C = 305 + 0.8Y$，投资函数为 $I = 395 - 200r$，货币的需求函数为 $L = 0.4Y - 100r$，货币供给 $m = 150$。

（1）写出 IS 曲线和 LM 曲线方程。

（2）计算均衡的国民收入和利息率。

（3）如果此时政府购买增加 100，那么均衡国民收入会增加多少？

（4）计算（3）中的政府购买乘数。

（5）写出乘数定理中政府购买乘数公式，利用这一公式计算（3）中乘数；

（6）比较（4）、（5）的结果是否相同，请给出解释。

4. 已知甲国的消费函数为 $C = 100 + 0.8Y$，投资函数为 $I = 80 - 6r$；乙国的消费函数为 $C = 60 + 0.75Y$，投资函数为 $I = 70 - 5r$。求：

（1）这两个国家的 IS 曲线分别如何？

（2）比较这两个国家的投资乘数，投资函数的斜率和投资的利率弹性大小？

（3）如果货币市场行为不变，比较财政政策的效果在哪个国家更大？

5. 假定某经济中消费函数为 $C = 0.8(1-t)Y$，税率 $t = 0.25$，投资函数为 $I = 900 - 50r$，政府购买 $= 800$，货币需求为 $L = 0.25Y + 200 - 62.5r$，实际货币供给为 $\dfrac{\overline{M}}{P} = 700$，试求：

（1）IS 曲线。

（2）LM 曲线。

（3）两个市场同时均衡时的利率和收入。

六、论述题

1. 在什么情况下，财政政策比货币政策更有效（对于增加国民收入来说）？

2. 凯恩斯的货币需求理论包含很多重要的内容，有重要作用。

（1）请阐述凯恩斯货币需求理论的重要内容。

（2）请用凯恩斯货币需求理论分析流动性陷阱的原因。

论述题解析

3. 根据 IS - LM 模型，在下列情况下，利率、收入、消费和投资会发生什么变动？

（1）中央银行增加货币供给。

（2）政府增加税收。

（3）政府等量增加政府购买和税收。

第四章

总 需 求—总 供 给 模 型

学习目标

通过本章的学习，学生应理解：

- 了解总需求曲线的推导和决定因素
- 理解总需求曲线的斜率和变动
- 理解总供给曲线形状与经济理论的联系
- 学会运用 AD－AS 模型分析宏观经济问题

本章概要

　　总需求—总供给模型是后凯恩斯主义流派——新古典综合派用于分析国民收入决定的一个工具，这个模型是在凯恩斯的收入—支出模型和希克斯的 IS－LM 模型的基础之上，进一步将总需求和总供给结合起来解释国民收入的决定及相关经济现象，是对前两个模型仅强调总需求方面的片面性进行的补充和修正。总需求—总供给模型所依据的理论已经不是标准的或纯粹的凯恩斯理论。本章在 IS－LM 模型的基础上，取消价格水平既定的假设，并结合劳动市场的均衡，探讨就业水平、实际产出水平与一般价格水平之间的关系。在 IS－LM 模型中，主要分析总需求方面，而 AD－AS 模型中既研究总需求，也研究总供给，因而是 IS－LM 模型的扩展，也被称为完整的凯恩斯主义模型。本章主要考察价格水平变化与国民收入的关系。首先从反映产品市场与货币市场均衡的 IS－LM 模型中推导出总需求曲线，其次把分析扩展到要素市场，推导总供给曲线，最后将总需求曲线与总供给曲线结合起来，构建 AD－AS 模型，作为解释经济波动的基本分析工具。

本章知识逻辑结构图

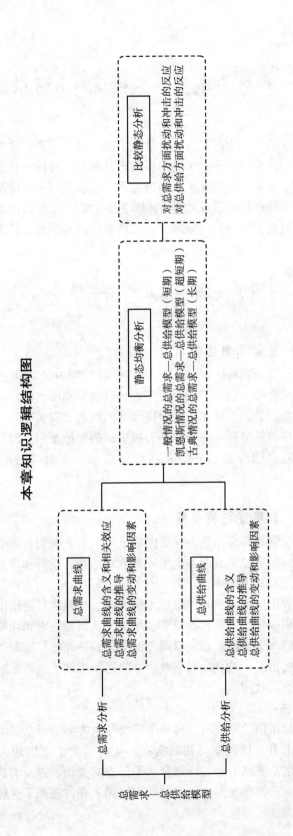

第一节　总需求曲线及其变动

　　总需求是指一定时期内经济社会中的居民、厂商、政府和国外等部门在某一总价格水平上想要购买的产品和服务总量。总需求曲线描述的是需求总量与价格水平之间的关系，表示在每一价格水平上各部门愿意支出的产品和服务总量。本节主要讨论总需求曲线的推导、总需求曲线向右下方倾斜的原因、总需求曲线的斜率和、总需求曲线的移动。

一、总需求曲线的含义和相关效应

总需求曲线的
含义和相关效应

习题

（一）总需求曲线的含义

　　总需求（aggregate demand）是指一定时期内经济社会对产品和劳务的需求总量，包括消费、投资、政府购买和净出口。总需求函数描述了对总产量的需求和一般价格水平之间的对应关系。将其描述在以价格水平为纵坐标、产出水平为横坐标的坐标系中，即得到总需求曲线。总需求曲线表示在一系列价格总水平下对应的均衡总支出水平。

（二）价格变动的效应

　　为了说明总需求曲线为什么向右下方倾斜，我们必须考察物价水平变动如何影响总需求的各个组成部分：消费、投资和净出口。

　　1. 凯恩斯的利率效应

　　名义货币供给不变时，价格水平下降会导致实际货币供给量会增加，引起利率水平下降，投资需求增加，从而总需求和均衡收入水平上升。价格水平变动引起利率同方向变动，进而使投资和产出水平反方向变动的情况，被称为利率效应。凯恩斯强调了这种影响，所以也称其为凯恩斯效应。

　　2. 庇古的财富效应

　　名义货币供给不变时，价格下降会导致实际货币余额增加，实际财富水平上升，居民变得相对富有，从而消费需求增加，总需求增加。价格水平变动引起实际财富水平反方向变动，进而消费和产出水平反方向变动的情况叫作财富效应。阿瑟·庇古强调了这种影响，所以也称其为庇古效应。

3. 蒙代尔—弗莱明的汇率效应

名义货币供给不变时，价格水平下降会导致实际货币供给增加，利率下降，资本外流，本币贬值，从而出口增加，进口减少，净出口增加，总需求增加。价格水平变动引起实际汇率变动，进而净出口和产出水平反方向变动的情况叫作汇率效应。蒙代尔和弗莱明强调了这种物价水平变动引起实际汇率变动，实际汇率变动引起净出口和总需求变动的影响，所以也称蒙代尔—弗莱明汇率效应。

【知识点解读】

以上三种解释分别从价格水平变动引起利率、实际财富和汇率变动从而对构成总需求的投资、消费和出口的影响，说明总需求曲线为什么会向右下方倾斜。需要注意的是：总需求曲线是在"其他条件相同"的假设下画出来的，特别是，对向右下方倾斜的总需求曲线的三种解释都假设货币供给量固定不变。

二、总需求曲线的推导

（一）代数法推导总需求函数

建立产品市场和货币市场共同实现均衡时的模型。

IS 曲线方程：

$$r = \frac{A_0}{d} - \frac{1}{\alpha d}Y$$

LM 曲线方程：

$$r = \frac{kY}{h} - \frac{M_0}{hP}$$

联立方程，消掉利率 r，得到总需求函数：

$$Y = \frac{h\alpha}{h + kd\alpha} \cdot A_0 + \frac{d\alpha}{h + kd\alpha} \cdot \frac{M_0}{P}$$

总需求曲线的
推导

（二）几何法推导总需求曲线

IS－LM 模型是讨论产品市场和货币市场相互作用达到均衡时所产生的总需求。在 IS－LM 模型中，当价格水平假定为一个常数即固定不变时，IS 曲线和 LM 曲线的交点决定一个均衡收入（产量）水平。当价格水平发生变动时，对 IS 曲线的位置没有影响，但会影响 LM 曲线的位置，如价格水平上升时，LM 曲线会向左上方移动，移动后的 LM 曲线与 IS 的交点决定一个新的均衡收入（产量）水平。每一价格水平和与之对应的均衡收入水平在以价格水平为纵坐标、产

习题

出水平为横坐标的坐标系中为一个组合点。把这些组合点连在一起所得到的曲线即总需求曲线。

【知识点解读】

总需求函数和总需求曲线：IS－LM 模型在价格水平保持不变的假设条件下，主要描述了利率与均衡收入之间的对应关系，价格水平这一因素隐含在 LM 曲线中的实际货币供给量（M/P）里。所以，总需求曲线可以从 IS－LM 模型中推导出来。总需求函数可以由 IS 曲线方程和 LM 曲线方程联立求解，消去利率 r，得到价格水平 P 与收入水平 Y 的关系，即总需求函数。

总需求曲线的
变动和影响因素

三、总需求曲线的变动和影响因素

总需求曲线的位置取决于自发总支出量和名义货币量。其他条件不变，如果自发总支出量和名义货币量发生变动了，IS 曲线和 LM 曲线就会发生移动，IS 曲线和 LM 曲线的移动会引起总需求曲线位置的移动。在价格水平不变时，扩张性财政政策会使总需求曲线右移，紧缩性财政政策会使总需求曲线左移；扩张性货币政策会使总需求曲线右移，紧缩性货币政策会使总需求曲线左移。

习题

【知识点解读】

物价水平不变时，总需求方面任意因素的变动都会引起总需求曲线的移动。例如消费、投资、政府支出、出口、进口、税收额、税率、名义货币供给、实际货币需求等因素的自发变动，这些因素的变动如果使总需求增加，则总需求曲线右移，反之则总需求曲线左移。

【本节应掌握知识点】

- 总需求曲线的含义和相关效应
- 总需求函数的计算
- 总需求曲线的推导
- 总需求曲线变动的影响因素

第二节　总供给曲线及其变动

本节主要对总供给曲线的含义、长期总供给曲线、超短期总供给曲线、短期总供给曲线和短期总供给方程等内容进行详解。

一、总供给曲线的含义

总供给（Aggregate Supply）是指一定时期内经济社会中的厂商在某一价格水平上愿意生产和出售的物品和服务总量。总供给曲线描述的是产品和服务供给量与价格水平之间的关系，表示在每一价格水平上企业愿意生产和销售的产品和服务总量。

总供给曲线可以从要素市场均衡中推导出来。以劳动市场为例，价格水平变动影响总产出的过程是：价格水平的变动会影响实际工资 $w(w = W/P)$，实际工资的变动会影响劳动市场的供求，劳动供求变动决定实际就业量，就业量的变动决定总产量。

总供给曲线的
含义

总供给曲线的形状取决于价格（包括产品、要素等各种价格）是否具有灵活性，如果价格能得到充分调整，总供给曲线是一条垂直线；如果价格调整缓慢和不充分，总供给曲线是一条向右上方倾斜的曲线；如果价格固定不变，总供给曲线是一条水平线。一般说来，长期内价格具有灵活性，短期内价格具有黏性。所以总供给曲线的形状取决于时间范围。一般按照时间范围将总供给曲线分为三种：长期总供给曲线、短期总供给曲线和超短期总供给曲线。

习题

【知识点解读】

总供给曲线表明了价格与产量相结合，即在某种价格水平时整个社会的厂商愿意供给的产品总量。所有厂商愿意供给的产品总量取决于它们在提供这些产品时得到的价格，以及它们在生产这些产品时必须支付的劳动与其他生产要素的费用。因此，总供给曲线反映了要素市场（如劳动市场）与产品市场的状态。

二、总供给曲线的推导

我们通过劳动市场和生产函数推导总供给曲线，推导过程由四个图形组合起来进行说明。右下方的图形表示劳动市场，纵轴为实际工资 W/P，横轴为劳动力人数 N。劳动市场均衡，即充分就业时，实际工资和就业人数分别为 W/P_0 和 N_0；右上方的图形为遵循边际报酬递减规律的生产函数曲线，纵轴为产出即国民收入 Y，横轴为就业人数 N；左上方的图形为一条向右上方倾斜的与横轴呈 45°夹角的直线，纵轴和横轴都表示产出 Y，用其将产出从纵轴转换到横轴；左下方的图形表示我们要推导的总供给曲线，纵轴为价格水平 P，横轴为产量 Y。

总供给曲线的
推导

习题

（一）短期总供给曲线的推导

在货币工资下降具有"刚性"假设条件下，我们推导短期总供给曲线：

当货币工资水平 W 不变，价格水平 P 上升时，实际工资水平 W/P 下降，此时在劳动市场上，劳动的需求大于劳动的供给，企业为了雇用到所需要的劳动数量，会提高货币工资水平 W，直到实际工资水平等于劳动市场均衡的实际工资水平，此时就业数量仍为 N_0，产出也仍为 N_0 下的产出。这说明，在价格水平高于 P_0 时，产出水平 Y 不变，即每一价格水平 P 和与之对应的国民收入 Y 的组合点都在一条垂直线段上。

当货币工资水平 W 不变，价格水平 P 下降时，实际工资水平 W/P 上升，此时在劳动市场上，劳动的需求小于劳动的供给，货币工资水平 W 也应该下降，但根据假设条件其下降具有"刚性"，故短期内不会下降，企业为了取得最大利润只能减少雇佣的劳动数量，与之对应的产出也会减少。这说明，在价格水平低于 P_0 时，就业数量 N 减少，产出水平 Y 也相应减少，即每一价格水平 P 和与之对应的国民收入 Y 的组合点都在一条向左下方倾斜的线段上。

在经济严重萧条状态时，存在大量失业的劳动力和闲置的资本设备，当整个社会的产出量或国民收入增长时，价格水平和货币工资水平大致保持不变。未达到充分就业时，总供给曲线是一条水平线。

（二）长期总供给曲线的推导

在长期中，经济学家都认为工资、价格可以充分调整以实现产品、货币和劳动市场的均衡，经济总是处于充分就业状态。

长期中就业水平并不随着价格水平的变动而变动，而是始终处于充分就业状态，此时的就业量为潜在就业量，即充分就业量，是指一个社会在自然失业率条件下所达到的就业量。充分就业时的产量又称为潜在产量，即指在现有资本和技术水平条件下，经济社会的潜在就业量所能生产的产量。

长期总供给曲线是一条位于潜在就业量水平的垂直于横轴的直线。

【知识点解读】

在长期中，人们对价格水平的预期有充分的时间进行完全调整，人们预期价格水平和实际价格水平总是一致的，使得名义工资和价格水平都有完全的伸缩性，总供给曲线就是一条垂直于横轴的直线。这就是古典情况。在极短期中，预期价格水平还没有来得及做出任何调整，名义工资是固定不变的，不能根据需求的变动做出任何调整。总供给曲线就是一条平行于横轴的直线。这就是极端凯恩斯主义情况。在介于极短期和长期之间的中间情形，人们对名义工资和价格水平的变动作出了部分调整，总供给曲线就是一条向右上方倾斜曲线，而且会随着时间的推移变得越来越陡直。

三、总供给曲线的变动和影响因素

在生产函数中，技术进步会使总供给曲线向右移动。如果技术进步使平均劳动生产率和边际劳动生产率同时得到提高，对劳动需求增加时，劳动需求曲线和生产函数曲线都会向上移动，从而使总供给曲线向右移动更大距离。在劳动市场上，劳动供给增加会导致总供给曲线向右移动。

习题

极端的短期总供给曲线是水平的，其表示在经济萧条情况下，价格水平不变。只有当经济状况发生较大好转才能使总供给曲线发生变动。极端的长期总供给曲线是一条垂直的直线。总产出是充分就业产出，当生产技术水平提高或充分就业人数增加时，其向右移动。当社会生产能力遭受冲击或破坏时，其向左移动。

【知识点解读】

总供给曲线是由生产函数（技术水平、劳动生产率）和劳动市场的就业数量共同决定的。当这些因素发生变动时，总供给曲线就会发生变动。

【本节应掌握知识点】
- 总供给曲线的含义
- 总供给曲线的推导
- 总供给曲线的变动和影响因素

第三节 总需求—总供给模型

总需求—总供给
模型的含义

本节主要介绍总需求—总供给模型的含义及三种基本类型。

一、总需求—总供给模型的含义

把总需求曲线和总供给曲线结合起来，放在一个坐标图上，就可以决定经济社会的一般价格水平和总产出水平。总需求—总供给模型就是指在产品市场、货币市场和劳动市场同时均衡条件下的一般均衡模型。

习题

【知识点解读】

把总需求曲线与总供给曲线放在一起，组成总需求—总供给模型。这个模型为解释经济短期波动、说明宏观经济政策在不同时间范围的影响以及预测经济冲击的后果提供了一个分析框架。

二、总需求—总供给模型的基本类型

总需求—总供给
模型的基本类型

（一）一般情况的总需求—总供给模型（短期）

在该模型中，总供给曲线向右上方倾斜，其斜率为正。该模型反映短期的一般情况的经济状况。它表明，无论是供给方面的力量还是需求方面的力量，都会通过总供给曲线和总需求曲线的移动改变总产量水平和一般价格水平。

（二）凯恩斯情况的总需求—总供给模型（超短期）

习题

在该模型中，总供给曲线是水平的，其斜率为0。该模型适用于探讨经济萧条和衰退的情况，又被称为萧条模型。在该种情况下，经济的总供给量是充分的，总产量水平主要由总需求决定，价格水平基本不发生变化。

（三）古典情况的总需求—总供给模型（长期）

在该模型中，总供给曲线是垂直的。该模型是反映长期的 AD - AS 模型。在该种情况下，经济已经达到了充分就业水平，总供给量已无法再增加。总需求曲线的变动只影响价格水平，不影响总产量水平。总需求水平的变动是造成价格水平变动的主要因素。

【知识点解读】

在短期内，均衡产出不一定总是等于自然率下的充分就业产出 Y_f。均衡产出同时取决于总供给曲线的位置和总需求曲线的位置，前者取决于特定的预期价格水平，后者取决于货币量 M 和自发总支出 A 的取值。假定政策变量和其他外生变量都保持不变，总供给曲线会随着预期价格水平的调整而变动，总产出也趋向于充分就业产出。

在长期中，无论何种原因导致的短期总供给对充分就业产出偏离，都不会持久存在下去。随着人们预期的调整，名义工资得到调整，错觉得到纠正，价格也不再始终呈现黏性，工资和价格就具备充分的伸缩性。也就是说，预期价格与实际价格水平是相等的，这时的总供给曲线就是一条垂直于横轴的总供给曲线 LAS。这时的产出水平为充分就业产出水平。也就是说，产出与价格水平无关。这就是经济返回其自然率水平的内在机制。

【本节应掌握知识点】
- 总需求—总供给模型的含义
- 总需求—总供给模型的三种类型

第四节　总需求—总供给模型对外来冲击的反应

整体经济的波动来自总供给或总需求的变动。经济学家把这些曲线的外生变动称为对经济的冲击，使总需求曲线发生移动的冲击称为需求冲击，使总供给曲线移动的冲击称为供给冲击。本节运用总需求—总供给模型，从总需求和总供给两个方面说明总产量和一般价格水平的决定，分析需求冲击和供给冲击。

一、对总需求方面扰动和冲击的反应

许多因素会影响总需求，制度改革、战争、灾害、危机等事件会改变人们的预期、情绪甚至价值观，从而对消费、投资、政府支出和出口需求产生影响，政府的财政政策和货币政策变动也是影响总需求的重要因素。我们用 AD－AS 模型分析需求冲击的影响，使总需求增加的事件可以用总需求曲线 AD 向右移动来说明，使总需求减少的事件可以用总需求曲线向左移动来说明。

在短期极端 AD－AS 模型的理论分析中，外来的因素对总需求的扰动和冲击可以引起总需求曲线的移动，从而引起总产量即国民收入的变动，但价格水平不变。如果这些扰动或冲击因素来自政府的财政政策，则会影响到总需求，其影响和作用与对总需求的外在扰动和冲击是一样的。如果这些扰动或冲击来自政府的货币政策，则不会影响到总需求，因为极端情况下的"流动性陷阱"会使增加的货币量完全被吸收到流动领域之外，不可能影响到总需求，所以货币政策效果很小，甚至毫无作用。

对总需求方面扰动和冲击的反应

习题

83

在长期极端 AD – AS 模型的理论分析中，财政政策或货币政策扰动和需求冲击会使总需求曲线发生移动，因为全体企业的总供给量位于充分就业产出水平，所以只会引起价格水平的变动，不会对总产出有影响。在宏观经济学中，当货币政策的变动仅仅导致价格水平的变化而实际变量（总产出、就业）未发生变动的情况，被称为货币中性。

【知识点解读】

长期的货币中性和短期的货币非中性是完全相容的。在短期内，货币扩张导致产出增加、利率下降，价格水平上升。随着时间的推移，价格上升，货币扩张对产出和实际利率的影响消失。在长期内，名义货币量的增加完全反映在价格水平的成比例增加上，而对产出和实际利率没有影响，在长期内货币是中性的。

二、对总供给方面扰动和冲击的反应

对总供给方面扰动和冲击的反应

习题

供给冲击是改变产品和服务成本从而改变企业收取价格的经济冲击。能降低成本和物价的有利供给冲击事件包括：技术进步、原材料和能源价格下降、农业丰收等。会拉动成本和物价上升的不利供给冲击事件包括：战争或内乱导致资本损失、劳力减少；自然灾害导致农业歉收，拉动食物价格上升；工会总体力量的增强，拉动工资和工会工人生产的产品的价格上升；世界石油或原材料减产导致其价格上升；要求企业减少排污量的新环境保护法，企业以提高价格的形式把增加的成本转嫁给顾客等。我们用 AD – AS 模型分析供给冲击的影响，有利的供给冲击可以用总供给曲线向右下方移动来说明，不利的供给冲击可以用总供给曲线向左上方移动来说明。

【知识点解读】

20 世纪 70 年代及 80 年代，两次重大的石油价格冲击。这种未预期到的石油涨价引起使用石油的所有产品成本提高，从而提高了企业愿意供给产品的价格。经济产能因负面的供给震荡而减少，生产成本上升及利润减少，导致商品价格上升以及经济放缓。

【本节应掌握知识点】

• 运用总需求—总供给模型分析需求冲击对经济的影响
• 运用总需求—总供给模型分析供给冲击对经济的影响

本章练习题

一、单项选择题

1. 在其他条件不变时，价格水平下降会导致（　　　）。

A. 实际货币供给量减少，AD 曲线左移

B. 实际货币供给量增加，AD 曲线右移

C. 实际货币供给量减少，总需求沿着 AD 曲线减少

D. 实际货币供给量增加，总需求沿着 AD 曲线增加

单项选择题解析

2. 在其他条件不变时，总需求曲线会因为（　　　）。

A. 政府购买增加而右移　　　　B. 税收增加而右移

C. 价格水平下降而左移　　　　D. 转移支付增加而左移

3. 在其他条件不变时，货币供给量增加会使（　　　）。

A. IS 曲线向左上方移动　　　　B. LM 曲线向左上方移动

C. AD 曲线向右上方移动　　　　D. AS 曲线向右上方移动

4. 在其他条件不变时，能够引起总供给曲线向右移动的是（　　　）。

A. 政府购买增加　　　　　　　B. 净出口减少

C. 失业率上升　　　　　　　　D. 生产技术水平的普遍提高

5. 长期总供给曲线垂直的原因是假定（　　　）。

A. 名义工资不变　　　　　　　B. 实际工资不变

C. 价格水平不变　　　　　　　D. 收入水平不变

6. 在非充分就业条件下，扩张的总需求政策会使（　　　）。

A. 国民收入增加　　　　　　　B. 价格水平下降

C. 利率下降　　　　　　　　　D. 失业率上升

7. 在充分就业条件下，（　　　）。

A. 增加政府购买将导致总产出增加，价格水平不变

B. 增加政府转移支付将导致总产出增加，价格水平上升

C. 减少税收将导致总产出不变，价格水平上升

D. 减少税收将导致总产出增加，价格水平上升

8. 在短期极端 AD – AS 模型中，经济萧条情况下，扩张货币政策的效果近似是（　　　）。

A. 国民收入增加，价格水平上升

B. 国民收入增加，价格水平下降

C. 国民收入不变，价格水平不变

D. 国民收入不变，价格水平下降

9. 在其他条件不变时，技术进步会导致（　　）。

A. 国民收入增加，价格水平上升

B. 国民收入增加，价格水平下降

C. 国民收入减少，价格水平上升

D. 国民收入减少，价格水平下降

10. 在其他条件不变时，进口原材料价格上涨会导致（　　）。

A. 国民收入增加，价格水平上升

B. 国民收入增加，价格水平下降

C. 国民收入减少，价格水平上升

D. 国民收入减少，价格水平下降

二、多项选择题

多项选择题解析

1. 能够引起总需求曲线变动的影响因素有（　　）。

A. 政府购买 　　　　　　　　B. 税收

C. 政府转移支付 　　　　　　D. 名义货币量

2. 能够引起总供给曲线变动的影响因素有（　　）。

A. 技术进步 　　　　　　　　B. 劳动需求变动

C. 劳动供给变动 　　　　　　D. 原材料和能源价格

3. 若扩张总需求的政策对总产出的影响效果等同于简单乘数效应（　　）。

A. 经济处于严重萧条时期

B. 总供给曲线为一条水平线

C. 总产出对价格水平具有完全弹性

D. 总供给曲线为一条垂线

4. 长期总供给曲线为一条垂线，其横截距表示（　　）。

A. 充分就业产出

B. 不存在失业的劳动力

C. 自然失业率下的总产出

D. 劳动市场实现均衡时的总产出

三、判断题

判断题解析

1. 凯恩斯利率效应和庇古财富效应均解释价格水平与收入水平呈反方向关系。　　　　　　　　　　　　　　　　　（　　）

2. 总需求曲线描述的是利率水平与收入水平之间的关系。

（　　）

3. 价格水平的变动会通过影响实际工资、劳动市场的供求及均衡就业量而影响总供给。　　　　　　　　　　　　　（　　）

4. 在总需求曲线和总供给曲线的交叉点上，经济实现了总供求

的均衡，国民收入总是处于充分就业水平。 （ ）

    5. 长期总供给曲线呈垂直状态的原因是市场总处于出清状态。

（ ）

四、分析题

1. 如何理解长期内货币中性和短期内货币非中性。

2. 试用 AD – AS 模型解释滞胀的原因。

分析题解析

五、计算题

1. 如果一个经济体系有以下方程：$C = 90 + 0.9Y$，$I = 900 - 900r$，$L/P = 0.9Y - 900r$，$M = 900$，$P = 1$。

    （1）求均衡收入水平和利率。

    （2）推导总需求曲线的代数式。

计算题解析

2. 考虑这样一个经济：消费函数 $C = 200 + 0.75Y$，投资函数 $I = 200 - 25r$，货币需求函数 $L/P = Y - 100r$，货币供给量 $M = 1000$，物价水平 $P = 2$。

    （1）推导出总需求函数。

    （2）如果物价水平从 2 上升到 4，IS – LM 模型会如何调整？总需求会如何变化？

    （3）如果政府增加购买一批军备物资，总需求曲线会如何变动？

3. 某三部门经济的消费函数为 $C = 80 + 0.8Y_D$，投资函数为 $I = 20 - 5r$，货币需求函数为 $L = 0.4Y - 10r$，税收 $T = 0.25Y$，政府购买支出为 $G = 20$ 名义货币供给量 $M = 90$，充分就业的国民收入为 285。

    （1）若价格水平为 $P = 2$，则 IS – LM 模型决定的均衡收入和利率各为多少？

    （2）若总供给函数为 $Y = 235 + 40P$，则总需求和总供给决定的均衡收入和价格各为多少？

    （3）如果通过变动政府购买来实现充分就业，则求政府购买的变动量和价格水平。

    （4）如果通过变动货币供给量来实现充分就业，则需要如何变动货币供给量？

六、论述题

1. 说明微观经济学中的需求曲线和宏观经济学中的总需求曲线的差异。

2. 说明在不同情况下总供给曲线形状的差异。

论述题解析

第五章

失业、通货膨胀和经济周期

学习目标

通过本章的学习，学生应理解：

- 失业是由什么原因引起的，不同理论对失业的原因如何解释
- 失业会给个人、家庭和社会带来什么影响
- 奥肯定律的表示形式、结论和应用
- 通货膨胀的类型、成因和影响
- 失业与通货膨胀的关系：菲利普斯曲线
- 通货紧缩和滞胀
- 经济周期的定义、阶段和类型
- 不同时期的经济周期理论

本章概要

失业与通货膨胀是现代经济生活中常见的，对经济社会有着重大影响的经济现象，也伴随着经济的周期性波动呈现不同的特征。基于第一章对于失业和通货膨胀的概念介绍，本章分析了失业和通货膨胀的形成原因、影响以及表示两者之间关系的菲利普斯曲线，并在此基础上探讨了经济周期的定义、阶段和类型，以及不同时期解释经济周期性波动的理论。首先，从古典主义、凯恩斯主义、新凯恩斯主义和现代货币主义角度解释了失业的成因，并说明了失业给个人、家庭和社会带来的多方不利影响，以及表示失业与产出之间关系的奥肯定律。其次，从类型、成因和影响的角度分析了通货膨胀。其中，成因方面，强调了需求拉上型、成本推动型和结构型通货膨胀，并基于古典的货币数量论分析了货币主义学派对通货膨胀成因的解释。影响方面，基于通货膨胀的惯性，从社会成本和经济影响角度阐述了预期和未预期的通货膨胀的影响。再次，对于失业与通货膨胀关系的菲利普斯曲线，从原始的菲利普斯曲线到短期菲利普斯曲线，再到长期菲利普斯曲线，以及适应性预期和理性预期下的菲利普斯曲线，并利用菲利普斯曲线进一步揭示了通货膨胀的成因。最后，经济周期作为经济运行不可避免的波动，经历了繁荣、衰退、萧条和复苏四个阶段，早期和现代的西方经济学家为解释经济波动的根源和传导机制等也提出了诸多理论。

本章知识逻辑结构图

失业、通货膨胀和经济周期

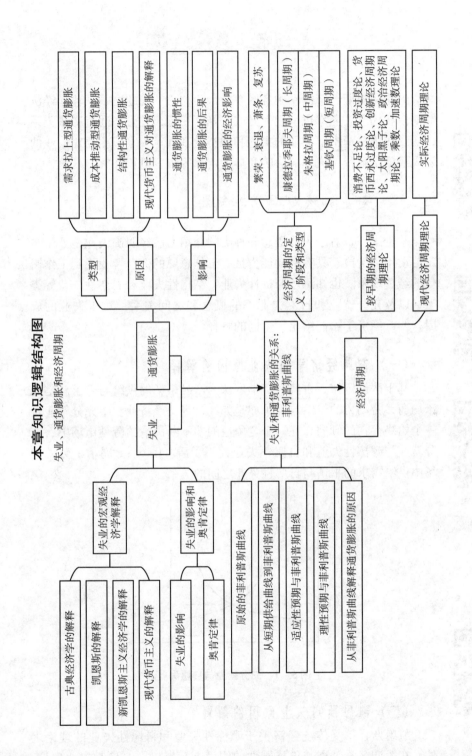

失业的宏观
经济学解释

习题

古典经济学对
失业原因的解释

第一节 失 业

失业是短期经济波动中各国政府最为关心的问题之一，伴随经济周期性波动，失业率也呈现上升或下降的变化，并且和通货膨胀关系密切。在第一章了解失业的概念和种类的基础上，本节主要对失业的宏观经济学解释、失业的影响和奥肯定律等内容进行详解。

一、失业的宏观经济学解释

基于第一章对于失业概念和种类的介绍，已经明确失业是处于法定劳动年龄阶段、具有劳动能力且有工作意愿的劳动者找不到工作岗位的经济现象。也知悉了摩擦性失业、结构性失业和周期性失业等类型，以及充分就业和自然失业率的概念和之间关系。对于失业的成因，西方经济学家们给出了不同的解释。

（一）古典经济学对失业原因的解释

基于萨伊定律，古典经济学家认为产品市场的供给与需求总是趋于均衡，劳动力的供给与需求亦是如此，因此经济社会中充分就业是一个始终存在的倾向，在一个竞争性的、不断出清的劳动市场中，充分就业与摩擦性失业和自愿性失业并不矛盾。图5-1展示了劳动市场中供给需求的平衡与自愿性失业之间的关系。

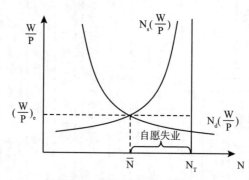

图5-1 充分就业与自愿失业

（二）凯恩斯对失业原因的解释

凯恩斯对失业
原因的解释

凯恩斯在接受传统经济关于摩擦性失业和自愿性失业的理论之外，在短期名义工资与价格刚性的假设下，提出了非自愿失业理论，表示现实中存在大量工人愿意按照现行工资水平和工作条件就业却找

不到工作，有效需求不足是产生非自愿性失业的原因。图 5 − 2 展示
了有效需求不足与失业之间的关系。

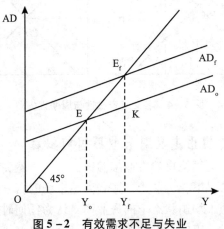

图 5 − 2 有效需求不足与失业

（三）新凯恩斯主义经济学对失业原因的解释

新凯恩斯主义以不完全竞争和不完全信息为前提，在原凯恩斯主
义关于货币工资刚性的假设和对非自愿性失业解释（见图 5 − 3）的
基础上，认为名义工资在短期内具有黏性，并从劳动工资合同论、隐
含合同论、局内人—局外人理论和效率工资理论等角度对工资黏性的
原因进行了解释（见图 5 − 4），因此市场存在失灵，使劳动供给量大
于需求量，工人与岗位无法匹配，也即存在结构性失业，并且不利的
需求冲击导致了周期性失业。

新凯恩斯主义对
失业原因的解释

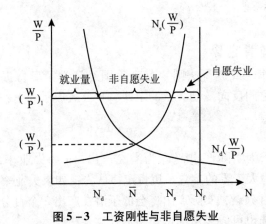

图 5 − 3 工资刚性与非自愿失业

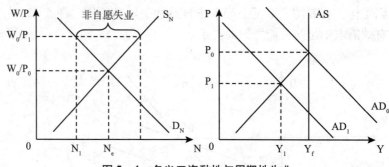

图 5 - 4　名义工资黏性与周期性失业

现代货币主义对
失业原因的解释

（四）现代货币主义对失业原因的解释

现代货币主义围绕自然失业率假设，认为自然失业率是在没有货币因素干扰的情况下，劳动力市场和商品市场的自发供求力量发挥作用时应有的、处于均衡状态下的失业率，认为任何时候都存在着与实际工资率结构相适应的某种均衡失业水平。

二、失业的影响和奥肯定律

失业的影响
和奥肯定律

（一）失业的影响

失业给个人和家庭带来物质和精神的负面影响：影响家庭收入，影响个人的身心健康，影响家庭声望。同时失业也影响了社会稳定，给社会生产、生活秩序与社会稳定带来隐忧。失业还对经济带来负面影响：增加经济运行成本；带来产出损失；影响社会信心，加重社会经济的不景气。

习题

（二）奥肯定律

奥肯定律（或奥肯法则）是由美国经济学家奥肯提出的，表示失业和产出之间反向变动关系的定律。其公式表示如下：

$$\frac{Y - Y_f}{Y_f} = -\alpha\,(u - u^*)$$

其中，Y 为实际产出，Y_f 为潜在产出，u 为失业率，u^* 为自然失业率，α 为大于零的参数。奥肯定律认为：如果失业率每高于自然失业率 1 个百分点，实际产出将会低于潜在产出 2 个百分点。

奥肯定律也可以表示为增长率形式：

$$\frac{\Delta Y}{Y} = 3\% - 2\Delta u$$

【知识点解读】

失业的宏观经济学解释：重点区分古典主义经济学理论和凯恩斯主义经济学理论的不同假设对失业的不同定义和解释。古典经济学基于竞争性和市场出清的均衡状态下，认为经济社会中充分就业是必然趋势，因此只存在摩擦性失业和自愿性失业；凯恩斯主义经济学则从工资刚性和劳动力市场需求不足的假设下，提出了非自愿失业的概念。

奥肯定律：奥肯定律的结论虽然最初针对美国数据得出，但经过现代经济学的验证和调整，其对各国政府的相关计划决策仍然具有一定的指导意义。

【本节应掌握知识点】

- 失业的宏观经济学解释
- 失业的影响
- 奥肯定律

第二节 通货膨胀

通货膨胀是指经济在一定时期内商品和劳务的货币价格水平普遍、持续地上升。本节主要对通货膨胀的类型、成因和影响等内容进行详解。

一、通货膨胀的类型和原因

（一）通货膨胀的类型

通货膨胀的分类方法很多，例如按照通货膨胀的程度，通货膨胀可以分为爬行的（温和的）通货膨胀、加速的（奔驰的）通货膨胀和超速的（恶性）通货膨胀。按照通货膨胀是否被人们所预期到，可以分为预期到的通货膨胀和未预期到通货膨胀。按照不同产品货币价格水平上升的平衡性，分为平衡的和不平衡的通货膨胀。按照发生的原因，通货膨胀可以分为需求拉上型通货膨胀、成本推动型通货膨胀和结构型通货膨胀。

通货膨胀的类型

习题

（二）通货膨胀的原因

1. 需求拉上型通货膨胀

需求拉上通货膨胀又称超额需求通货膨胀，它是由于总需求超过

通货膨胀的原因
——需求拉上型
通货膨胀

总供给所引起的一般价格水平的持续普遍上升（见图5-5）。尤其是在经济处于或高于潜在的产出水平时，总需求的增加超过总供给，使得过多的货币支出追逐有限的物品供给，一般物价水平就上升。

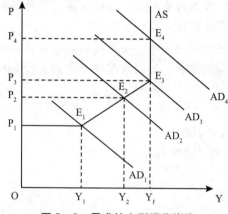

图5-5　需求拉上型通货膨胀

2. 成本推动型通货膨胀

从供给方面解释通货膨胀成因，认为在没有超额需求的情况下，由于供给方面成本的提高也会引起一般价格水平持续和显著的上涨（见图5-6）。具体而言，成本推动可以分为三种类型：工资推动型通货膨胀、利润推动型通货膨胀和进口型通货膨胀。

通货膨胀的原因
——成本推动型
通货膨胀

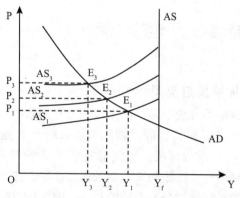

图5-6　成本推动型通货膨胀

3. 结构型通货膨胀

在总需求和总供给处于平衡状态时，由于经济结构性因素的变动引起的物价普遍持续上涨。经济结构因素的变动具体表现为需求结构的变动和各部门劳动生产率增长速度的差异。

通货膨胀的原因
——结构型通货
膨胀

4. 通货膨胀的预期

经济中人们对物价水平有上升预期时，工人会要求调高工资，企业会调高未来产品价格，从而导致下一期物价水平的持续增加。

5. 货币主义对通货膨胀成因的解释

基于古典的货币数量论，货币主义学派强调货币是影响总需求的主要因素，认为货币流动量和进入流动的商品和服务的价格总额之间存在着平衡关系。古典货币数量方程为：MV = PT

其中，M 为货币供应量，V 为货币流通速度，P 为平均价格水平，T 为一定时期内产品和服务的交易总量。由于对交易总量的衡量有一定的困难，一般用总产出 Y 代替 T，则交易方程为：MV = PY

并可以通过取自然对数和微分方法得到其增长率形式：

$$\frac{\Delta M}{M} + \frac{\Delta V}{V} = \frac{\Delta P}{P} + \frac{\Delta Y}{Y}$$

通货膨胀的原因
——通货膨胀的
预期

以及通货膨胀的表达式：$\frac{\Delta P}{P} = \frac{\Delta M}{M} + \frac{\Delta V}{V} - \frac{\Delta Y}{Y}$

因此，假设长期中货币流通速度不变，当货币供给增长率超过产出增长率，便会产生通货膨胀。

通货膨胀的原因
——货币主义对
通货膨胀成因的
解释

二、通货膨胀的影响

（一）通货膨胀的惯性

由于工资—价格螺旋和人们对通货膨胀存在适应性预期等原因，在实际中，通货膨胀并非价格水平的一次性改变，而是价格水平的持续上升，这称之为通货膨胀惯性。

通货膨胀的影响

（二）通货膨胀的后果

通货膨胀的效应总是弊大于利，本部分从通货膨胀的社会成本和经济影响角度分析通货膨胀的后果。一般观点认为，预期到的通货膨胀不会对收入分配产生影响，因为人们在签订工资协议等时，会把通货膨胀考虑进去，但是即使预期到通货膨胀的发生，其对社会经济仍然会造成一定的社会成本，而未预期到的通货膨胀则会产生更大的影响。

习题

1. 通货膨胀的社会成本

不论通货膨胀是否被预期到，通货膨胀都会造成一定的社会成本。通货膨胀会给社会经济运行增加持有货币的"鞋底成本""菜单成本"，还会扭曲税收的作用和价格的信号作用，影响资源的配置效率。

2. 通货膨胀对收入分配和产出的影响

当发生未预期到通货膨胀时，其对收入与分配产生影响。首先，通货膨胀不利于靠固定收入维持生活的阶层。其次，通货膨胀对债权人和债务人利益产生影响，一般对债权人不利而对债务人有利。最后，通货膨胀影响着财富净值。

通货膨胀对经济的影响还存在产出效应：预期到的、平衡的通货膨胀一般不影响分配、产出和就业；预期到的、非平衡的通货膨胀不影响分配，但影响就业和产出；未预期到的、平衡的通货膨胀影响分配，但对就业和产出影响较小；未预期到的、非平衡的通货膨胀对分配、产出和就业都会产生影响。

此外，恶性通货膨胀还会由于引起产品价格迅速上升、工人过度要求增加工资、企业增加存货等原因导致产品价格持续大幅上升，严重时会导致经济崩溃。

【知识点解读】

通货膨胀的成因：对于通货膨胀成因的分析主要基于供给、需求、结构和古典的货币数量论等角度展开。可以结合第四章的总需求—总供给模型，分析需求拉上型和成本推动型通货膨胀的成因，从供给需求结构的匹配性来理解结构型通货膨胀的成因。在对古典货币数量论的理解中要注意其主要基于对货币交易媒介职能展开分析，说明通货膨胀率会受到政府货币供给增长率、货币流动速度和产出增长率的共同影响。

通货膨胀的影响：对于通货膨胀的影响可以从预期到的和未预期到的通货膨胀的角度理解通货膨胀的社会成本和经济影响。

【本节应掌握知识点】
- 通货膨胀的类型
- 通货膨胀的原因
- 通货膨胀的影响

第三节　菲利普斯曲线

由于失业率影响着劳动投入，进而对总供给产生影响，总供给的变动又引起价格水平的波动，因此失业和通货膨胀应该存在着某种关系，对于失业率和通货膨胀率之间的关系可以通过菲利普斯曲线进行分析。本节主要对原始的菲利普斯曲线、短期的菲利普斯曲线、长期的菲利普斯曲线和附加预期的菲利普斯曲线的形状、推导等内容进行详解，并从菲利普斯曲线的角度对通货膨胀的原因进行了分析。

一、失业、通货膨胀与菲利普斯曲线

菲利普斯曲线是表示通货膨胀率和失业率之间关系的曲线，最初的菲利普斯曲线表示的是货币工资增长率和失业率之间的关系曲线（见图 5 - 7（a）），后由美国经济学家利用美国数据研究结果绘制出了通货膨胀率和失业率之间存在负相关关系的曲线（见图 5 - 7（b）），但后续美国联邦储备委员会的相关政策调整中发现向右下倾斜的菲利普斯曲线在长期是不存在的。

失业、通货膨胀
与菲利普斯曲线

习题

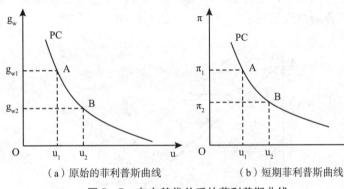

（a）原始的菲利普斯曲线　　（b）短期菲利普斯曲线

图 5 - 7　存在替代关系的菲利普斯曲线

二、从短期总供给曲线到菲利普斯曲线

从短期总供给
曲线到菲利普斯
曲线

（一）菲利普斯曲线的推导

通货膨胀是物价的动态变化，同时失业与生产紧密相关。因此菲利普斯曲线和供给曲线有着紧密的联系。由第四章推导的供给曲线 $Y = Y^* - \alpha(P - P^E) + \upsilon$ 可以推出菲利普斯曲线的最终版本为：$\pi = \pi^E - \beta(u - u^*) + \mu$，其中 $\beta > 0$，$\mu < 0$，表明了通货膨胀率和失业率之间的负相关关系，同时也表明了人们对通货膨胀的预期和供给冲击影响着菲利普斯曲线的位置。

习题

（二）预期因素在菲利普斯曲线中的作用

预期在供给曲线和菲利普斯曲线中都起着重要作用，短期中的非理性或者错误的预期导致了供给曲线和菲利普斯曲线的倾斜，长期中人们纠正错误预期，使得产出和失业率分别趋向于充分就业的产出和自然失业率。

三、适应性预期与菲利普斯曲线

（一）适应性预期

关于预期理论，西方经济学先后提出了适应性预期与理性预期理论。适应性预期理论下，人们将经济变量过去实际发生的数值和过去对该经济变量的预期进行加权平均，以形成对未来的预期。

（二）短期倾斜的菲利普斯曲线

适应性预期下，随着通货膨胀率的上升，短期内失业率会下降，从而菲利普斯曲线呈现出倾斜状态（见图 5-8）。

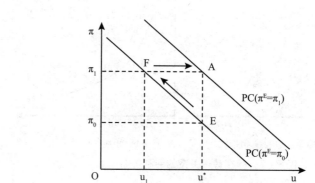

图 5-8　加入了预期因素的菲利普斯曲线

（三）长期垂直的菲利普斯曲线

适应性预期下，工人们长期中会认识到物价的变化，进而调整自己的通货膨胀预期，并对自己获取的实际工资重新评估，均衡的就业水平就会恢复到自然失业率水平，因此适应性预期下，长期的菲利普斯曲线是垂直的（如图 5-8 中从 E 点经 F 点再到 A 点的过程）。

（四）不让通货膨胀加速的失业率

在极端适应性预期下，预期的通货膨胀率等于上一期的通货膨胀率，根据菲利普斯曲线的公式可知，如果失业率等于自然失业率，在没有外部供给冲击的情况下，那么通货膨胀率将保持不变。

四、理性预期与菲利普斯曲线

（一）理性预期

理性预期是指人们在预测经济变量未来的走势时，会对所有可得的信息和知识做最好的处理，来求得该经济变量的期望值。理性预期假设下，人们可以作出专业性判断，错误的预期变得非常随机。

（二）理性预期下的菲利普曲线

在理性预期成立的情况下，人们对通货膨胀的预期不会出现系统性错误，因此通货膨胀率与失业率之间即使在短期也不存在交替关系，曲线无论是长期还是短期都是垂直的（见图5-9）。

习题

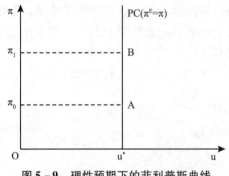

图5-9　理性预期下的菲利普斯曲线

五、从菲利普斯曲线的角度理解通货膨胀的原因

基于菲利普斯曲线公式：$\pi = \pi^E - \beta(u - u^*) + \mu$，可以进一步解释通货膨胀产生的三大原因：一是预期通货膨胀率；二是失业率的变化；三是供给冲击。同时也解释了短期菲利普斯曲线和长期菲利普斯曲线形状的差异原因。

从菲利普斯曲线的角度理解通货膨胀的原因

六、通货紧缩和滞胀

（一）通货紧缩

通货紧缩是与通货膨胀相对立的一种货币现象，是一种价格下降和货币升值的过程。通货紧缩是在货币供应量不能满足流通中货币的实际需要量或在其他决定货币供需因素的影响下，导致一般价格水平持续普遍显著下跌的现象。通货紧缩的明显经济特征主要体现在物价连续下跌和货币供给量持续下降。

发生通货紧缩会影响到投资者的心理和消费者的消费心理。对经济社会的长远发展产生不利影响，主要体现在对GDP的增长、就业和进出口贸易产生影响。

习题

通货紧缩

滞胀

习题

（二）滞胀

滞胀是指经济生活中出现了生产停滞、失业增加和物价水平居高不下同时并存的现象。滞胀的主要特征是 GDP 增长缓慢，甚至出现负增长，同时物价上升。

产生滞胀的原因主要体现在供给方面：一是实际因素的变动，主要包括劳动力数量和组成的变化，劳动者转换工作的频率变化，以及科技进步等造成自然失业率上升。也包括石油价格为代表的初级产品价格上升带来的供给冲击。二是预期因素的变化，即把对通货膨胀的预期纳入经济决策过程。三是社会福利政策的变化。发生滞胀时，短期菲利普斯曲线和供给曲线都会发生移动。

图 5-10 和图 5-11 分别用菲利普斯曲线和总供给曲线的移动分析了滞胀。

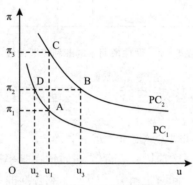

图 5-10　菲利普斯曲线的移动

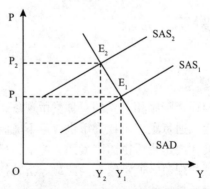

图 5-11　总供给曲线的移动

【本节应掌握知识点】
- 原始菲利普斯曲线
- 现代菲利普斯曲线

- 适应性预期下的短期与长期菲利普斯曲线
- 理性预期下的短期与长期菲利普斯曲线
- 通货紧缩与滞胀

第四节　经济周期

失业和通货膨胀往往伴随着经济发展的周期性波动，西方经济学对经济长期发展中存在的有规律的扩张和收缩展开了不同角度的分析。本节主要在经济周期的定义、阶段和类型的基础上介绍了较早期的经济周期理论和现代经济周期理论。

一、经济周期的定义、阶段和类型

经济周期一般是指经济活动沿着经济发展总体趋势所经历的有规律的扩张和收缩。经济周期是市场经济中经济运行不可避免的波动，该波动是总体经济活动的波动，并引起价格水平、失业率、利率和进出口等宏观经济变量的波动。

一个经济周期可以分为繁荣、衰退、萧条和复苏四个阶段，其中复苏和繁荣是扩张阶段，衰退和萧条是收缩阶段（见图5－12）。

经济周期的
定义、阶段和
类型

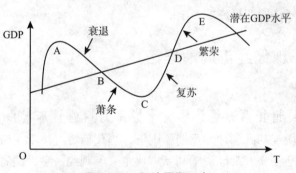

图5－12　经济周期示意

习题

经济周期的类型根据时间长短被分为了康德拉季耶夫周期（长周期）、朱格拉周期（中周期）和基钦周期（短周期）。

二、较早时期的经济周期理论

早期经济周期
理论

（一）早期经济周期理论

为解释经济为什么会呈现周期性波动，早期部分西方经济学家提

101

出过各种经济周期理论，其中包括以下几种。

（1）消费不足论：大规模机器生产使中小生产者破产，贫困人数日益增加，消费者支付能力变弱，因此出现经济衰退。

（2）投资过度论：资本品生产的扩张和收缩幅度一般大于消费品，过度投资导致需求结构失衡，使经济进入萧条阶段。

（3）货币信用过度论：基于货币流通速度和货币供给直接决定名义国民收入的古典货币数量论思想，认为经济波动是银行货币和信用波动的结果，是一种纯粹的货币现象。

习题

（4）创新经济周期论：认为创新是经济增长的动力，也是经济周期的根源，创新是打破静态均衡、增加需求、带动经济扩张的条件，创新成功后的模仿和扩散又会导致信用收缩等，影响经济经历繁荣和衰退。

（5）太阳黑子论：认为太阳黑子的周期性活动影响了农业，进而影响到整个经济的周期。

（6）政治经济周期论：分为机会主义模型和党派模型，都强调了政治家操纵经济政策或者意识形态上的倾向的影响等。

（二）凯恩斯主义的经济周期理论

凯恩斯主义的
经济周期理论

乘数—加速数理论：乘数效应和加速数效应交替起作用，总需求因为外在冲击发生而变化，通过乘数效应影响总产出，反过来总产出又通过加速数效应影响企业的新增投资。其同时考虑了外生冲击和内在结构对经济周期形成的影响。

三、现代经济周期理论

现代经济周期
理论

（一）现代西方经济学关于经济周期的基本观点

基于微观基础和理性预期原则下，当代西方经济学主流理论形成了新凯恩斯主义宏观经济学和新古典主义宏观经济学，两者的区别主要在于是否相信工资与物价刚性和是否认为市场存在的不完全性。新凯恩斯主义理论着眼于短期，而新古典主义更加适合分析长期问题。

（二）实际经济周期理论

实际经济周期理论属于新古典宏观经济学，从经济波动的根源和传导机制角度解释了经济周期。实际经济周期理论认为经济波动的根源是实际因素而非货币因素，而这其中最重要的是技术冲击。

习题

实际经济周期理论认为，在出现原始冲击后，存在资本积累、替代效应和不同类型的调整成本三种传导机制。打破了传统宏观经济分析中长期和短期的二分法，将短期波动与长期增长纳入同一分析框架。经济周期本身就是经济趋势或者潜在的或充分就业的国内生产总值的变动，并不存在与长期趋势不同的短期经济背离。

（三）从实际经济周期理论到动态随机－般均衡理论

动态随机一般均衡理论是在实际经济周期理论的基础上发展起来的，在保留其核心分析框架的基础上，主要有两方面的贡献：一是认为外在冲击既有实际因素又有货币因素，支持货币非中性；二是认为经济存在不完善性，承认存在工资和价格的刚性。动态随机一般均衡理论从"动态"（跨期最优决策）、"随机"（外生随机冲击）和"一般均衡"（每个参与者根据其偏好对未来预期并作出最优选择的总和）框架中分析各种经济问题。

【本节应掌握知识点】
- 经济周期的定义
- 经济周期的四个阶段
- 经济周期的类型
- 较早时期的经济周期理论
- 现代经济周期理论
- 理性预期下的短期与长期菲利普斯曲线
- 通货紧缩与滞胀

本章练习题

一、单项选择题

1. 由于总需求的减少导致经济衰退，伴随的失业属于（   ）。

A. 结构性失业　　　　　　　　B. 摩擦性失业

C. 自然失业　　　　　　　　　D. 周期性失业

2. 非自愿失业存在于以下哪种情况下（   ）。

A. 竞争性的、不断出清的劳动市场

B. 充分就业的时候

C. 有效需求不足

D. 劳动力工资和价格自由波动的市场

3. 以下属于货币学派对通货膨胀成因的解释的是（   ）。

A. 货币流通速度不变条件下，货币供给增长率大于实际收入增长率

单项选择题解析

B. 达到充分就业后有效需求的持续增加

C. 垄断厂商追求更高的垄断利润

D. 进口品价格的持续上升

4. 以下通货膨胀的成因属于结构性通货膨胀的是（　　　）。

A. 央行货币发行量超出了市场中交易所需货币量

B. 石油危机下世界石油价格普遍、大幅上涨

C. 各部门劳动生产率增长速度存在较大差异

D. 工会代表工人提出涨工资的要求

5. 以下哪个因素肯定不是通货膨胀的产生原因（　　　）。

A. 总供给的减少

B. 总需求的增加

C. 进入品、初级产品和原料的价格上涨

D. 技术进步

6. 通货膨胀的收入分配效应表现在（　　　）。

A. 大部分居民实际收入上升　　B. 大部分居民实际收入下降

C. 收入分配结构的变化　　　　D. 债权人受益，债务人受损

7. 原始的菲利普斯曲线什么位置表示自然失业率（　　　）。

A. 菲利普斯曲线和纵轴（货币工资率）的交点处

B. 横轴上的所有点

C. 菲利普斯曲线和横轴（失业率）的交点处

D. 无法确定

8. 如果经济社会中的货币工资和物价可以充分自由调整，市场机制完善，那么预期到的通货膨胀对经济的影响是（　　　）。

A. 失业率降低

B. 总产出增加

C. 引起收入和财富再分配

D. 对产出、就业和分配没有影响

9. 以下周期类型中属于长周期的是（　　　）。

A. 康德拉季耶夫周期　　　　　B. 朱格拉周期

C. 基钦周期　　　　　　　　　D. 熊彼得周期

10. 加速原理断言（　　　）。

A. 投资的变动引起国民收入倍数的变动

B. 消费支出随着投资的变动而倍数变动

C. 投资的变动引起国民收入增长率倍数的变动

D. 消费需求的变动引起投资的倍数变动

多项选择题解析

二、多项选择题

1. 未预期到的、温和的通货膨胀的影响有（　　　）。

A. 在债权人和债务人之间进行财富再分配

B. 损害了靠固定养老金和社会保障金生活的人

C. 不会影响价格的信号作用

D. 通货膨胀扭曲了税收，经常会损害纳税人

2. 菲利普斯曲线所表示的失业率和通货膨胀率之间的关系存在如下的结论（　　）。

A. 如果预期是适应性的，那么菲利普斯曲线短期是倾斜的，长期是垂直的

B. 如果预期是适应性的，那么菲利普斯曲线短期和长期都是垂直的

C. 如果预期是理性的，那么菲利普斯曲线短期和长期都是垂直的

D. 如果预期是理性的，那么菲利普斯曲线短期是倾斜的，长期是垂直的

3. 以下选项哪些是通货紧缩的影响（　　）。

A. 抑制 GDP 的增长　　　　　　　B. 失业率上升

C. 失业率下降　　　　　　　　　　D. 进出口额减少

4. 以下哪些是从供给角度解释滞胀产生的原因（　　）。

A. 消费者收入的变动　　　　　　　B. 实际因素的变动

C. 预期因素的变动　　　　　　　　D. 社会福利政策的变动

5. 以下属于实际经济周期理论认为的影响经济波动实际因素的是（　　）。

A. 资源环境的不利变化　　　　　　B. 战争和政治动荡

C. 人口减少　　　　　　　　　　　D. 货币供给增加

6. 以下属于成本推动型通货膨胀产生原因的因素有（　　）。

A. 工资推动　　　　　　　　　　　B. 利润推动

C. 进口商品价格上涨　　　　　　　D. 投资推动

7. 货币主义对通货膨胀成因的解释认为（　　）。

A. 强调货币是影响总需求的主要因素

B. 通货膨胀的产生主要是因为货币供给的增加

C. 如货币流通速度为常数，通货膨胀率就等于货币增长率与实际收入增长率的之和

D. 货币流通量与进入流通的产品和服务价格总额之间存在着密切关系

8. 以下因素中，可能会引起需求拉动通货膨胀的有（　　）。

A. 过度扩张的财政和货币政策

B. 消费者突然增加的消费倾向

C. 农业生产的歉收

D. 劳动生产率的突然降低

9. 属于新凯恩斯注意经济学对失业原因解释的有（　　　）。

A. 劳动工资合同论　　　　　　　B. 隐含合同论

C. 局内人—局外人理论　　　　　D. 效率工资理论

10. 根据乘数—加速数理论，下列说法正确的有（　　　）。

A. 乘数和加速数的交互作用引起了经济周期性波动

B. 加速数效应体现在总产出的增加要求企业进行新的投资

C. 乘数—加速数理论同时考虑了外生冲击和内在结构对经济周期的影响

D. 加速数效应体现在创新对经济的冲击

三、判断题

判断题解析

1. 由于最低工资法、工会的存在以及效率工资等原因导致劳动工资存在黏性，且一般会高于市场均衡的工资水平。　　　　（　　　）

2. 失业救济金的增加可能会提高自然失业率。　　　　（　　　）

3. 奥肯定律说明，在 GDP 没有达到充分就业水平时，实际 GDP 必须保持小于潜在 GDP 同样的增长速度，才能保证失业率不会上升。

（　　　）

4. 通货膨胀对产出的影响与通货膨胀的类型无关。　　　（　　　）

5. 菲利普斯曲线与总供给曲线从本质上是一致的，可以互相推导证明。　　　　（　　　）

6. 所谓适应性预期指的是人们在预期经济变量，未来走势是会利用所有可得的信息和知识作出最好的处理来求得该经济变量的期望值，作出正确预期的情况。　　　　（　　　）

7. 通货紧缩的影响一般都是暂时性的，对经济社会的长远不会产生影响。　　　　（　　　）

8. 产生滞胀的原因主要在需求方面。　　　　　（　　　）

9. 经济周期一般会先后经历繁荣、衰退、萧条和复苏四个阶段。

（　　　）

10. 实际经济周期理论弥补了新凯恩斯主义和新古典主义宏观经济学关于经济周期的动态变化过程描述的缺失。　　　（　　　）

四、分析题

分析题解析

1. 试比较分析凯恩斯与古典经济学对失业原因的解释。

2. 工资上涨会导致消费增加，那么工资推动的通货膨胀可否看作需求拉动型的通货膨胀？

3. 如何理解弗里德曼的"通货膨胀无处不在，并且总是一种货币现象"。

4. 请比较分析适应性预期和理性预期假设下短期和长期菲利普

斯曲线的形状特征及关系。

5. 请结合图形分析"滞胀"现象。

五、计算题

1. 若某国的价格水平 2018 年为 107.9，2019 年为 111.5，2020 年为 114.5。问 2019 年和 2020 年通货膨胀率各是多少？若人们对 2021 年的通货膨胀率预期是按前两年的通货膨胀率的算术平均来形成，设 2021 年的名义利率为 6%，问该年的实际利率为多少？

计算题解析

2. 假如失业率与 GDP 之间满足奥肯定律：

$$\frac{Y - Y_f}{Y_f} = -3(u - u^*)$$

其中，u 是失业率，u^* 是自然失业率，Y 是 GDP，Y_f 是潜在 GDP。如果 2018 年、2019 年、2020 年和 2021 年的失业率分别是 5%、4%、5% 和 6%。试求：

（1）当自然失业率 $u^* = 6\%$ 时，请比较四年中实际 GDP 和潜在 GDP 的关系。

（2）若 2020 年的实际 GDP 为 6 万亿美元，计算当年的潜在 GDP 水平。

3. 设经济社会中的菲利普斯曲线方程为：$\pi = \pi_{-1} - 0.4(u - 0.06)$

请问：（1）该经济社会的自然失业率为多少？

（2）为使通货膨胀减少 5 个百分点，必须增加多少失业？

六、论述题

1. 请结合图形分析通货膨胀产生的原因有哪些。

2. 通货膨胀的经济效应有哪些。

3. 试论实际经济周期理论对于经济波动根源和传导机制的解释。

论述题解析

第六章

开 放 条 件 下 的 宏 观 经 济

学习目标

通过本章的学习，学生应理解：

- 国际收支的含义及其反映的国际经济联系
- 汇率的含义以及标价方法
- 汇率制度的含义及划分
- 国际收支平衡
- 价格不变的蒙代尔—弗莱明模型
- 价格可变的蒙代尔—弗莱明模型
- 固定汇率制下的政策效果
- 浮动汇率制下的政策效果

本章概要

随着经济全球化的不断深化，各国之间的贸易往来、资本流动、技术转移等活动更加频繁，各国之间的联系更加密切。因此，对开放经济下的宏观经济问题进行分析是非常有必要的。本章基于开放经济背景，首先介绍了国际收支、汇率与汇率制度、国际收支平衡等基本概念，进一步推导出 BP 曲线，并对其斜率和变动进行分析；其次介绍了基于凯恩斯主义框架对宏观经济均衡体系延伸而来的蒙代尔—弗莱明模型，该模型的构建目标主要是为了解释短期开放经济的变动和汇率制度的关系以及宏观经济政策效果，主要介绍价格不变的蒙代尔—弗莱明模型和价格可变的蒙代尔—弗莱明模型；再次基于固定汇率制度的假设，分析了财政政策、货币政策和贸易政策的政策效果；最后基于浮动汇率制度的假设，分析了财政政策、货币政策和贸易政策的政策效果，并据此引出国际金融三元悖论——不可能的三位一体。

本章知识逻辑结构图

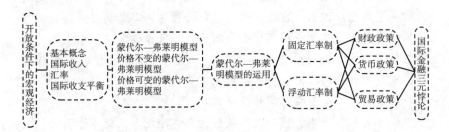

第一节 国际收支与汇率

本节主要介绍国际收支、汇率与汇率制度、国际收支平衡等基本概念，进一步推导出与国际收支平衡相关的 BP 曲线，并对 BP 曲线的斜率和变动进行分析。

一、国际收支的含义

国际收支是指一个经济体的居民与世界其他地方的居民（或非居民）之间因各种经济往来而发生的收入和支付的系统记录。

【知识点解读】

我们可以从三个方面来理解国际收支的含义：首先，国际收支是一个流量概念；其次，国际收支反映的是以货币数量记录的全部国际经济交易；最后，国际收支记录的是居民与非居民之间发生的经济交易。这里的居民是经济概念，既包括自然人，也包括法人。

二、国际收支所反映的国际经济联系

在宏观经济学中，国际收支所反映的国际经济联系中最核心的两项内容是商品和服务的贸易、资本的流动。

【知识点解读】

商品和服务的贸易，又称为国际贸易，主要包括出口和进口两部分内容。出口是把商品和服务输出到其他国家或地区，同时获得外汇收入（商品输出，外汇流入）；进口是从其他国家或地区输入商品和服务，同时要支付外汇（商品输入，外汇流出）。

国际收支的含义

习题

国际收支所反映的国际经济联系

习题

109

　　资本流动包括资本流入和资本流出两部分。资本流入是指国外资本流入本国，表现为外汇的流入。资本流入主要有两种途径：一是通过购买国内资产流入，这是一种间接投资行为；二是通过直接投资建厂的形式流入，这是一种直接投资行为，也就是我们通常所说的外商直接投资。资本流出是指购买国外资产或者在国外直接投资形成资产，表现为外汇的流出。资本流出也主要有两种途径：一是对于国外资产的购买；二是直接在国外投资建厂。

　　资本流入和资本流出的差额被称为资本净流入或资本净流出，资本净流入等于资本流入减资本流出，资本净流出等于资本流出减资本流入。如果资本净流入大于零（或者资本净流出小于零），本国外汇储备增加；反之，本国外汇储备会减少。

汇率与汇率制度

三、汇率与汇率制度

　　汇率是指两种货币相互兑换的比率。按照是否经过价格水平的调整，汇率可以分为名义汇率和实际汇率。

　　名义汇率是指两个国家（或地区）货币的相对价格，即一种货币能兑换另一种货币的数量，用 e 表示。名义汇率有两种不同的标价方法，一种是直接标价法，用 1 单位本国货币兑换的外国货币的数量，也被称为应付标价法；另一种是间接标价法，用 1 单位外国货币兑换的本国货币数量，又被称为应收标价法。例如，1 元人民币可以兑换 0.1413 美元，1 美元可以兑换 7.0794 元人民币。1 单位本币兑换的外币数量减少，表示本币贬值，汇率下降；1 单位本币兑换的外币数量增加，表示本币升值，汇率上升。

习题

　　实际汇率：用一国的产品和服务交换他国的产品和服务的比率，是两国产品的相对价格。其公式为：

$$\varepsilon = \frac{eP}{P^f} = e \times \frac{P}{P^f}$$

　　实际汇率和净出口负相关，两者的关系如图 6-1 所示。

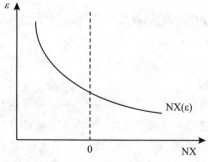

图 6-1　净出口和实际汇率

按照汇率波动幅度的大小，可以将汇率制度分为固定汇率制和浮动汇率制。

【知识点解读】

当国内商品比国外商品价格便宜时，国内居民更愿意购买国内商品，从而使得国内价格上升；相反，当国外商品比国内商品价格便宜时，国内居民更愿意购买国外商品，使得国内商品价格下降。在没有运输成本和贸易壁垒的条件下，可以得出经过汇率调整后的两国价格应该是相等的，这一关系被称为购买力平价，此时实际汇率为1。

固定汇率制是在金本位制度下和布雷顿森林体系下通行的汇率制度。这种制度规定本国货币与其他国家货币之间维持一个固定比率，汇率波动被限制在一定范围内，由官方干预来保证汇率的稳定。在布雷顿森林体系下，国定汇率制实行双挂钩原则：一是美元与黄金挂钩；二是其他国家货币与美元挂钩（在1%范围内波动）。

浮动汇率制是在金本位制度下和布雷顿森林体系下通行的汇率制度。这种制度规定本国货币与其他国家货币之间维持一个固定比率，汇率波动被限制在一定范围内，由官方干预来保证汇率的稳定。在布雷顿森林体系下，国定汇率制实行双挂钩原则：一是美元与黄金挂钩；二是其他国家货币与美元挂钩（在1%范围内波动）。

四、国际收支平衡

国际收支平衡是该国国际收支差额为零的状态，也就是净出口和资本净流出的差额为零的状态。净出口和资本净流出的差额称为国际收支差额，用 BP 表示。其中，净出口（NX）是出口与进口的差额，与实际汇率负相关，其公式为：$NX = X - M$；资本净流出（F）是本国流向国外的资本量减去国外流向本国的资本量的差额，与利率负相关，其公式为：$F = \sigma(r_w - r)$，其曲线如图 6 - 2 所示。通过净出口和资本净流出的影响因素可得，国际收支差额是实际汇率、本国收入与利率的函数，据此可以推导出 BP 曲线（国际收支平衡曲线）。

国际收支平衡

习题

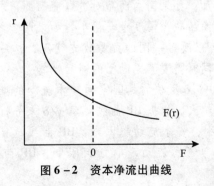

图 6 - 2 资本净流出曲线

BP 曲线的定义：BP = 0 时 Y 和 r 之间关系的曲线。其公式如下：

$$BP = 0 \Rightarrow q - \gamma Y + n\frac{eP}{P_f} = \sigma\ (r_W - r) \rightarrow \cdot\ r = \frac{\gamma Y}{\sigma} + \left(r_W - \frac{n}{\sigma}\frac{eP}{P_f} - \frac{q}{\sigma}\right)$$

BP 曲线所对应的图形推导如图 6 - 3 所示。

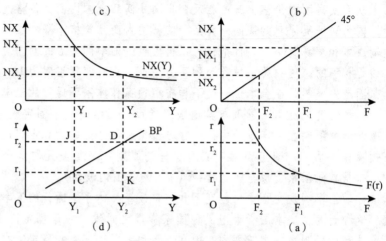

图 6 - 3　BP 曲线的推导

从 BP 曲线的推导可知，资本净流出曲线的斜率和净出口曲线的斜率将会影响 BP 曲线的斜率。根据资本流动性的不同假设，BP 曲线会呈现出三种形状：水平形状的 BP 曲线（资本完全流动）、垂直形状的 BP 曲线（资本完全不流动）、向右上方倾斜的 BP 曲线（资本不完全流动）。

【知识点解读】

本国汇率下降（本币贬值）将增加净出口，这只是一般理论上的分析。在实际经济中，汇率下降能在多大程度上增加出口、减少进口，取决于该国出口商品在世界市场上的需求弹性和该国国内市场对进口商品的需求弹性。只有出口商品的需求弹性大，本币贬值才会引起商品出口的增加；如果国内商品对进口商品的需求弹性小，本币贬值所引起的进口商品减少幅度也会很小。如果两者之和的绝对值大于1，则本币贬值可以改善一国的贸易收支状况，这一结论被称为马歇尔—勒纳条件。同时需要考虑时间的滞后性。

在 BP 曲线中，δ 反映的是国家间资本流动的难易程度，若 δ 越大则资本流动性越大。根据 BP 曲线斜率 γ/δ 来分析，δ 越大，BP 曲线越平坦；δ 越小，资本流动越困难，BP 曲线越陡峭。在资本完全流动的假设下，即资本流动没有任何限制，BP 曲线就成为一条水平线。

所有影响净出口、净资本流出变动的因素都会使 BP 曲线移动。包括国际收支状况、利率变化、收入变化和价格水平变动等。例如，价格总水平的变化的影响机制：价格总水平变化影响实际汇率，进而影响 BP 曲线。假设各国货币供给增加导致价格水平上升，其他国家价格水平不变，该国货币购买力下降，实际汇率下降，BP 曲线向左移动；反之，实际汇率上升，BP 曲线右移。

有了描述国际收支平衡的 BP 曲线，结合国内市场均衡分析的 IS－LM 模型，就可以分析包括国内均衡和国外均衡的开放经济中国内外均衡问题。

【本节应掌握知识点】
- 国际收支的含义及其国际经济联系
- 汇率的含义及标价方法，实际汇率和名义汇率
- 不同的汇率制度
- 净出口和资本净流出的含义和公式
- BP 曲线的含义、推导、斜率和移动

第二节 蒙代尔—弗莱明模型

蒙代尔—弗莱明模型将 IS－LM 模型扩展为开放经济理论模型。蒙代尔—弗莱明模型就是开放经济下的 IS－LM 模型，是四部门经济的 IS－LM 模型。本节主要介绍价格不变的蒙代尔—弗莱明模型和价格可变的蒙代尔—弗莱明模型。

一、价格不变的蒙代尔—弗莱明模型

该部分主要由四部分构成，分别是假设前提、开放条件下的 IS 曲线、开放条件下的 LM 曲线和开放条件下的 IS－LM 模型。

价格不变的蒙代尔—弗莱明模型的假设前提为：价格在短期内是不变的；实际货币需求与收入正相关，与实际利率负相关；商品和资本可以在国际上完全自由流动，国内市场的利率和世界市场的利率是一致的。

由国内市场的利率和世界市场的利率一致这一假设，可得：

$$r = r_w$$

假设净出口仅仅是名义汇率的函数，则均衡收入决定为：

$$Y = C(Y - T) + I(r_w) + G + NX(e)$$

价格不变的
蒙代尔—
弗莱明模型

习题

上述公式所对应的曲线即为开放经济条件下的 IS 曲线，其图形如图6-4所示。

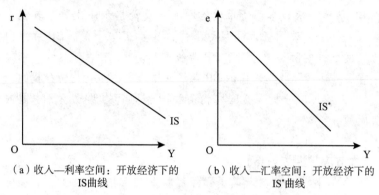

（a）收入—利率空间：开放经济下的
IS曲线

（b）收入—汇率空间：开放经济下的
IS*曲线

图6-4　开放经济下的 IS 曲线

由国内利率等于世界利率的假设，可以得到货币市场均衡的公式为：

$$M = L(r_w, \ Y)$$

其中，实际货币需求与利率负相关，与收入正相关。进而可得开放条件下的 LM 曲线，如图6-5所示。

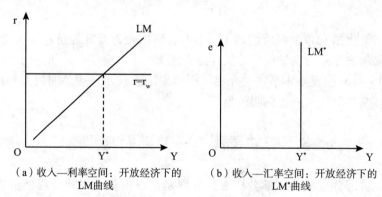

（a）收入—利率空间：开放经济下的
LM曲线

（b）收入—汇率空间：开放经济下的
LM*曲线

图6-5　开放经济下的 LM 曲线

开放条件下的 IS - LM 模型就是将开放条件下的 IS 曲线和 LM 曲线联立起来得到两个市场均衡时的名义汇率和收入水平，即：

$$IS^*: \ Y = C(Y - T) + I(r_w) + G + NX(e)$$

$$LM^*: \ M = L(r_w)$$

【知识点解读】

在开放条件下，由于国内利率等于世界利率的假设，国内利率由外生的世界利率所决定。我们所学习的开放条件下的 IS – LM 模型和封闭条件下的 IS – LM 模型的一个比较大的区别是，开放条件下的 IS – LM 模型表示的是汇率和收入之间的关系，而不再是利率与收入之间的关系，这个需要特别注意。

二、价格可变的蒙代尔—弗莱明模型

在长期中，价格水平不再是不变的，而是可变的，这时候实际汇率和名义汇率之间的固定比例关系就不再成立了，这样净出口就不再是名义汇率的函数，而是实际汇率的函数。价格变动时的蒙代尔—弗莱明模型就应该写为：

价格可变的
蒙代尔—弗莱明
模型

$$IS^*: \quad Y = C(Y - T) + I(r_w) + G + NX(\varepsilon)$$
$$LM^*: \quad M = L(r_W, \ Y)$$

从蒙代尔—弗莱明模型得出的开放经济下的总需求曲线与封闭经济下的总需求曲线是一样的，都是一条向右下方倾斜的曲线，如图 6 – 6 所示。

习题

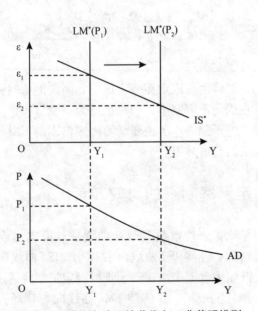

图 6 – 6　价格变动下的蒙代尔—弗莱明模型

【知识点解读】

在价格可变的假设下，如果价格变动，就必须考虑其对净出口的影响。价格是直接影响净出口的：

$$NX = NX\left(Y, \frac{eP}{P_f}\right)$$

也可以把价格包括到实际汇率中分析其对净出口的影响：

$$P \to \varepsilon = \frac{eP}{P_f} \to NX；即，NX = NX(Y，\varepsilon)$$

价格变动的 $IS^* - LM^*$ 模型是一个总需求模型：

P 变化 $\to LM^*$ 曲线移动 $\to LM^*$ 与 IS^* 相互作用 $\to$ 总需求发生变化

需要特别注意的是，价格水平 P 变动对 IS^* 曲线没有影响，只影响 LM^*，这是因为：$P \to \varepsilon \to Y$，P 不影响 IS^* 的位置。而在 LM^* 方程中，$P \to M$（M 是实际货币余额），因此 LM^* 位置变化。

【本节应掌握知识点】

- 价格不变的蒙代尔—弗莱明模型的假设前提
- 开放条件下的 IS 曲线
- 开放条件下的 LM 曲线
- 开放条件下的 IS – LM 模型（价格不变的蒙代尔—弗莱明模型）
- 价格可变的蒙代尔—弗莱明模型的公式、推导和移动

第三节　固定汇率制下的政策效果

中央银行是否将汇率固定在一定比例是固定汇率制和浮动汇率制的重要区别。在固定汇率制下，中央银行为了维持固定汇率必须对外汇市场进行必要的干预。本节主要学习固定汇率制下财政政策、货币政策和贸易政策的经济效果。

一、固定汇率制下的财政政策

固定汇率制下的
财政政策

习题

如果政府采取扩张性财政政策（如增加政府支出或减少税收），那么总需求将增加，使得 IS^* 曲线向右移动。IS^* 曲线向右移动使名义汇率面临上升压力，而中央银行为维持固定汇率将通过增加货币供给量的方式干预外汇市场，这将使 LM^* 曲线向右移动，直到名义汇率维持在最初水平。最终名义汇率保持不变，产出增加，如图 6 – 7 所示。

其传导机制可归纳为：财政扩张 $\to IS^*$ 右移 $\to$ 汇率上升（本币升值）压力 $\to$ 货币扩张 $\to LM^*$ 右移 $\to$ 产出增加。

如果政府采用紧缩性财政政策，其传导机制与扩张性政策的传导机制类似，只是各种影响的方向是相反的。传导机制与政府采用扩张性财政政策的传导机制相同，方向相反。

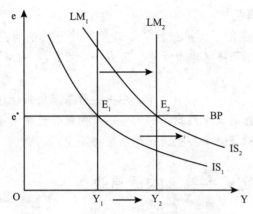

图 6-7 固定汇率制下的财政政策效果

【知识点解读】

在固定汇率制下，如果采取扩张性财政政策，中央银行为维持汇率稳定就不得不采用同方向的货币政策，结果就是汇率稳定，产出加倍增加，财政政策效果被诱发的同向货币政策加强。相反，如果采取紧缩性财政政策，产出相应会减少。总结来看，在固定汇率制下，财政政策效果显著，其产生的增量将全部转化为经济增量。

二、固定汇率制下的货币政策

固定汇率制下的
货币政策

在固定汇率制下，中央银行采用积极的货币政策，使 LM* 曲线右移，本国利率有下降的压力。在资本自由流动的条件下，资本流出，外汇市场上外币数量减少，本币有贬值的压力，汇率下降。套利者将向央行抛售本币换回外币，央行为此收回本币，LM* 曲线又移回原来的位置。如果中央银行采用紧缩性货币政策，LM* 曲线最终也会移回原来的位置。总之，在固定汇率下，货币政策无效，如图 6-8 所示。

习题

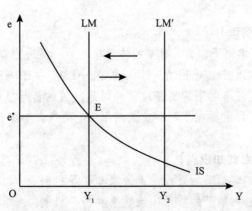

图 6-8 固定汇率制下的货币政策效果

【知识点解读】

在固定汇率制下，扩张性货币政策的传导机制为：货币扩张→LM^*右移→汇率下降（本币贬值）压力→货币紧缩→LM^*向左回移→产出不变。

总之，在固定汇率制下，无论中央银行采用扩张性还是紧缩性的货币政策，为维持汇率稳定，都不得不反向操作再采用相反的货币政策，最终导致政策效果被抵消，产出维持不变。

三、固定汇率制下的贸易政策

固定汇率制下的
贸易政策

在固定汇率制下，假如政府采用关税或非关税贸易壁垒等贸易政策来降低进口，则净出口增加，使IS^*曲线右移。IS^*曲线右移可以提高汇率，为了维持本币汇率稳定，套利者将向央行抛售外币，央行增加了货币供给量，LM^*曲线也右移，最终稳定汇率并提高了收入，如图6-9所示。

习题

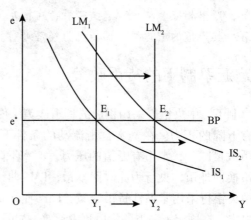

图6-9　固定汇率制下的贸易政策效果

【知识点解读】

在固定汇率制下，贸易政策的传导机制为：促进出口→IS^*右移→汇率上升（本币升值）压力→货币扩张→LM^*右移→产出增加。可以发现，固定汇率制下的贸易政策和财政政策的传导机制和政策效果是相同的，区别主要在于两种政策对于IS^*曲线影响原因的差异。

【本节应掌握知识点】
- 固定汇率制下的财政政策效果和传导机制
- 固定汇率制下的货币政策效果和传导机制
- 固定汇率制下的贸易政策效果和传导机制

第四节　浮动汇率制下的政策效果

在浮动汇率制下，汇率随外汇市场供求变化自由浮动，中央银行不会为了维持固定汇率而对外汇市场进行干预。本节主要学习浮动汇率制下财政政策、货币政策和贸易政策的经济效果，以及由此得到的国际金融三元悖论——不可能的三位一体。

一、浮动汇率制下的财政政策

在浮动汇率制下，基于资本完全流动的假设，同时假设其他条件不变，政府采用扩张性财政政策将会使得 IS^* 曲线向右移动，LM^* 曲线不变，结果导致汇率上升，产出不变。

在浮动汇率制下，政府采用扩张性财政政策的传导机制为：财政扩张→IS^*曲线右移→汇率上升（也就是说，本币升值）→减少净出口→顺着 IS^* 曲线向左上方移动→产出不变，如图6-10所示。

浮动汇率制下的
财政政策

习题

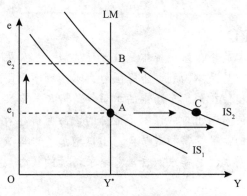

图6-10　浮动汇率制下的财政政策效果

【知识点解读】

在浮动汇率制下，为什么采取扩张性财政政策没有使产出增加呢？主要原因就是汇率上升使得净出口减少，进而完全抵消了扩张性财政政策带来的总需求增加的部分，最终导致产出没有任何变化，也就是说，在浮动汇率制下，政府想要通过采用扩张性财政政策增加产出的目标是不能实现的。当然，政府使用紧缩性财政政策也不会对产出造成任何影响。总之，在浮动汇率制下，财政政策无效。

浮动汇率制下的
货币政策

习题

二、浮动汇率制下的货币政策

在浮动汇率制下，政府采用扩张性货币政策，将会使得 LM* 曲线向右移动，IS* 曲线不变。随着 LM* 曲线右移，名义汇率下降，产出增加。其传导机制为：货币扩张→LM* 右移→利率下降压力→资本流出，本币贬值，汇率下降→净出口增加→产出增加，如图 6 – 11 所示。

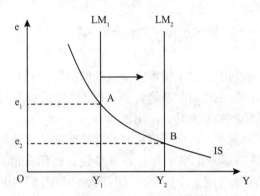

图 6 – 11　浮动汇率制下的货币政策效果

【知识点解读】

在浮动汇率制下，基于资本完全流动的假设，如果一国采用扩张性货币政策，将导致本国利率下降压力，本国利率下降就会导致资本流出，资本流出使得外汇市场上的本币供给增加，名义汇率下降，本币贬值，这又使本国出口的以本币计价的商品变得相对便宜，而进口的以外币计价的商品变得相对昂贵，出口增加，进口减少，净出口增加，进而最终增加了总需求。这里总需求增加的核心点依然是汇率的变化。

三、浮动汇率制下的贸易政策

浮动汇率制下的
贸易政策

在浮动汇率制下，假如政府采用关税或非关税贸易壁垒等贸易政策来降低进口，净出口增加，使 IS* 曲线右移，LM* 曲线不变。IS* 曲线右移使得汇率提高，汇率的提高将导致净出口减少，最终净出口的增加和减少，最终产出不变，如图 6 – 12 所示。

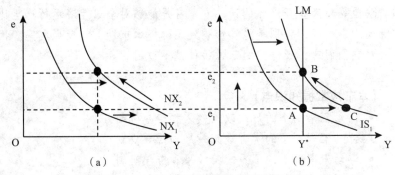

图 6-12 浮动汇率制下的贸易政策效果

习题

【知识点解读】

在浮动汇率制下，政府采用贸易政策并不能对产出产生影响，这里主要是由于增加的净出口被汇率上升导致的净出口减少抵消了。在浮动汇率制下，财政政策和贸易政策的效果是一样的，唯一的不同仅仅是导致 IS* 曲线移动的原因。

四、国际金融三元悖论：不可能的三位一体

将上述蒙代尔—弗莱明模型中小国开放经济条件下的政策效果进行归纳，可以得到表 6-1。

国际金融三元悖论：不可能的三位一体

表 6-1　　蒙代尔—弗莱明模型下的小国开放经济的政策效果

政策类型	收入 Y		本币汇率 e		净出口 NX	
	固定汇率	浮动汇率	固定汇率	浮动汇率	固定汇率	浮动汇率
扩张性货币政策	0	↑↑*	0	↓	0	↑
扩张性财政政策	↑↑*	0	0	↑	0	↓
贸易保护政策	↑↑*	0	0	↑	？***	0

习题

根据蒙代尔—弗莱明模型的基本结论，可以归纳出一个小型经济体的重要推论，即不可能的三位一体。不可能的三位一体是指，一个小型经济体不可能同时实现资本完全流动、固定汇率和独立的货币政策，也就是说，这三个政策目标不可能同时实现，每次只能实现三个中的两个，这又被称为国际金融三元悖论。

【知识点解读】

不可能的三位一体并不是对于所有经济体都同样适用，它有一个重要的前提条件，就是开放条件下的小型经济体。如果是像中国、美

121

国、欧盟等超大型经济体的话，它本身是能够对全球经济运行产生比较重大的影响的，特别是能够影响到国际资本市场上的世界利率。因此，对它们而言，不可能的三位一体是不适用的。

【本节应掌握知识点】

- 浮动汇率制下的财政政策效果和传导机制
- 浮动汇率制下的货币政策效果和传导机制
- 浮动汇率制下的贸易政策效果和传导机制
- 不可能的三位一体的含义、原因和前提

本章练习题

一、单项选择题

单项选择题解析

1. 关于实际汇率与名义汇率的关系，以下说法正确的是（　　）。
   A. 实际汇率等于名义汇率除以物价水平
   B. 名义汇率是两国商品价格的兑换比率
   C. 在没有任何贸易障碍的情况下，实际汇率趋向于等于名义汇率
   D. 在没有任何贸易障碍的情况下，实际汇率趋向于等于1

2. 购买力平价在以下哪种情况下不成立（　　）。
   A. 关税壁垒较高　　　　　　　B. 国家间商品运输成本很高
   C. 非关税贸易壁垒很高　　　　D. 以上几项都是

3. 在固定汇率制下，政府采取积极的财政政策，会导致以下哪种情况（　　）。
   A. 汇率上升　　　　　　　　　B. 本币贬值
   C. LM 曲线不变　　　　　　　 D. 产出增加

4. 在固定汇率制下，政府采取积极的货币政策，会导致以下哪种情况（　　）。
   A. 汇率上升　　　　　　　　　B. 本币升值
   C. IS 曲线右移　　　　　　　　D. 产出不变

5. 在固定汇率制下，如果资本完全流动，一个小型经济体的政策具有以下特点（　　）。
   A. 财政政策与货币政策都无效
   B. 财政政策与货币政策都有效
   C. 财政政策有效，货币政策无效
   D. 财政政策无效，货币政策有效

6. 在保持国际收支平衡的前提下，资本流动和商品贸易之间的

关系以下哪个说法是对的（　　）。

　　A. 两者之间没有关联

　　B. 资本净流出等同于商品净出口

　　C. 资本净流出等同于商品净进口

　　D. 资本净流出带来外汇的流入

　　7. 在浮动汇率制下，政府采取积极的财政政策，会导致以下哪种情况（　　）。

　　A. 汇率上升　　　　　　　　B. 本币贬值

　　C. 净出口增加　　　　　　　D. 产出增加

　　8. 在浮动汇率制下，政府采取积极的货币政策，会导致以下哪种情况（　　）。

　　A. 汇率上升　　　　　　　　B. 本币升值

　　C. 净出口减少　　　　　　　D. 产出增加

　　9. 在浮动汇率制下，假设资本完全自由流动，那么各种政策的效果具有以下特点（　　）。

　　A. 财政与货币政策都无效

　　B. 财政与货币政策都有效

　　C. 财政政策无效，货币政策有效

　　D. 财政政策有效，货币政策无效

　　10. 不可能的三位一体的政策目标不包含下述哪一项（　　）。

　　A. 资本自由流动　　　　　　B. 固定汇率

　　C. 独立的财政政策　　　　　D. 独立的货币政策

二、多项选择题

　　1. 关于国际收支，以下说法正确的有（　　）。

　　A. 国际收支是一个流量概念

　　B. 国际收支反映的是以货币数量记录的全部国际经济交易

　　C. 国际收支反映的是以实物数量记录的全部国际经济交易

　　D. 国际收支记录的是居民与非居民之间发生的经济交易

多项选择题解析

　　2. 购买力平价在以下哪种情况下不成立（　　）。

　　A. 关税壁垒较高　　　　　　B. 国家间商品运输成本很高

　　C. 非关税贸易壁垒很高　　　D. 关税壁垒几乎没有

　　3. 在固定汇率制下，政府采取积极的财政政策，会导致以下哪种情况（　　）。

　　A. 汇率不变　　　　　　　　B. 本币贬值

　　C. LM 曲线不变　　　　　　D. 产出增加

　　4. 在固定汇率制下，政府采取积极的货币政策，会导致以下哪种情况（　　）。

A. 汇率不变　　　　　　　　B. 本币升值

C. IS 曲线不变　　　　　　　D. 产出不变

5. 在固定汇率制下，如果资本完全流动，一个小型经济体的政策具有以下特点（　　　）。

A. 财政政策有效　　　　　　B. 货币政策有效

C. 贸易政策有效　　　　　　D. 财政政策无效

6. 以下关于 BP 曲线说法正确的有（　　　）。

A. 在资本完全流动情况下，BP 曲线是水平的

B. 在资本不完全流动的情况下，BP 曲线是水平的

C. 在资本不完全流动的情况下，BP 曲线是向右上方倾斜的

D. 在资本完全不流动的情况下，BP 曲线是垂直的

7. 蒙代尔—弗莱明模型的假设前提有（　　　）。

A. 实际货币需求与收入正相关

B. 实际货币需求与利率负相关

C. 资本完全流动

D. 国内利率由世界利率决定

8. 在浮动汇率制下，政府采取积极的货币政策，会导致以下哪种情况（　　　）。

A. 汇率下降　　　　　　　　B. 本币贬值

C. 净出口增加　　　　　　　D. 产出增加

9. 在浮动汇率制下，对于资本完全自由流动的小国经济体，下列关于各种政策效果说法正确的有（　　　）。

A. 财政政策无效　　　　　　B. 货币政策无效

C. 货币政策有效　　　　　　D. 贸易政策无效

10. 以下说法正确的有（　　　）。

A. 在资本自由流动和固定汇率制下，小国存在独立的财政政策

B. 在资本自由流动和固定汇率制下，小国存在独立的货币政策

C. 在资本自由流动和固定汇率制下，小国存在独立的贸易政策

D. 在资本自由流动和固定汇率制下，大国存在独立的货币政策

三、判断题

1. 固定汇率是指中央银行把汇率完全固定在某一个水平上，而浮动汇率是指中央银行根据政策需要随时变动汇率。（　　　）

2. 若其他条件不变，人民币对美元升值，将导致美国增加对中国商品的进口，减少对中国商品的出口。（　　　）

3. 在浮动汇率制下，开放经济的货币政策的传导机制与封闭经济条件下的传导机制是不一样的，前者通过改变汇率来影响收入，而后者通过改变利率来影响收入。（　　　）

判断题解析

4. 在固定汇率制下，一国政府采用扩张性财政政策对产出水平的促进作用显著，而采用扩张性货币政策不会导致国民收入增加。
（　）

5. 假如一国海关突然对进口产品提高检查门槛，设定进口高壁垒，这会导致本国净出口增加，收入增加，汇率上升。　（　）

6. 扩张性财政政策和贸易政策在固定汇率制下要比浮动汇率制下更有效。
（　）

7. 在固定汇率制下，假设资本完全流动，那么货币政策在短期内是有效的，但是在长期内由于充分的时间调整将变得无效。
（　）

8. 假设中国人民银行在外汇市场上抛售美元时，本国的货币供给量就增加了，本币将贬值。　（　）

9. 本国汇率下降一定会增加净出口。　（　）

10. 一个经济体不可能同时实现固定汇率、资本完全流动和独立的货币政策，这被称为不可能的三位一体。　（　）

四、简答题

1. 画图说明 BP 曲线的形状，并简单说明原因。
2. 利用蒙代尔—弗莱明模型分析开放经济条件下的财政政策效果。
3. 利用蒙代尔—弗莱明模型分析开放经济条件下的货币政策效果。
4. 简述不可能的三位一体的内容及其理论依据。

简答题解析

五、计算题

1. 假设一顶帽子在美国售价为 10 美元，在中国售价为 50 元人民币，美元与人民币的汇率为 1 美元等于 5 元人民币，对于一个在中国长期居住的中国人来说，

（1）用直接标价法表示的中国和美国的名义汇率是多少？
（2）用间接标价法表示的中国和美国的名义汇率是多少？
（3）中美两国之间的实际汇率是多少？

计算题解析

六、论述题

1. 假设一个小型经济体实行固定汇率制度，同时资本完全流动。在经济萧条时，该国应该选择哪种政策刺激经济更好？为什么不选择其他的经济政策？

2. 假设一个小型经济体实行浮动汇率制度，同时资本完全流动。在经济萧条时，该国应该选择哪种政策刺激经济更好？为什么不选择其他的经济政策？

论述题解析

第七章
宏观经济政策

学习目标

通过本章的学习，学生应理解：

- 宏观经济政策的目标与选择原则
- 财政政策工具
- 财政制度的自动稳定器功能和相机抉择的财政政策
- 货币政策工具
- 货币供给与货币乘数的关系
- 如何运用 IS –LM 模型解释财政政策效应和货币政策效应
- 财政政策和货币政策的局限性与协调使用
- 供给管理政策的类型与作用

本章概要

本章重点介绍西方宏观经济政策。宏观经济政策分为需求管理政策和供给管理政策。需求管理政策包括财政政策和货币政策，供给管理政策包括人力政策、收入政策和指数化政策。为了阐明宏观经济政策如何对国民经济进行宏观调控作用，首先，本章介绍了宏观经济政策的目标；其次，阐明了财政政策工具、种类以及政策效应，货币政策工具及其政策效应，在此基础上，分析财政政策和货币政策各自的局限性及二者在实施过程中协调使用的组合效应；最后，说明供给管理政策的种类与作用。

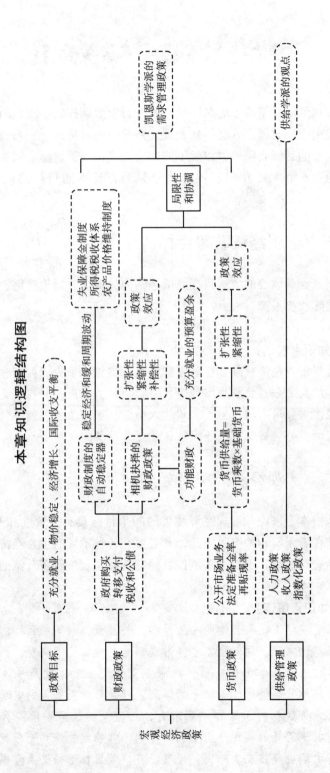

本章知识逻辑结构图

第一节　宏观经济政策目标

宏观经济政策是政府对国民经济进行宏观调控的手段，因此，要阐述宏观经济政策，就必须从宏观经济政策的目标入手，要清楚宏观经济政策的目标有哪些，以及不同的宏观经济政策目标之间如何抉择的问题。本节主要介绍宏观经济政策目标、不同目标之间抉择的原则。

一、宏观经济政策目标

国家宏观调控的政策目标一般包括充分就业、物价稳定、经济增长和国际收支平衡。

宏观经济政策
目标

【知识点解读】

理解宏观经济政策目标体系，要注意把握以下内容：充分就业有狭义和广义之分；物价稳定的实质是把物价的上涨控制在一定幅度之内；经济增长用人均产出或人均收入衡量；国家收支平衡不仅反映一个国家的对外经济情况，还反映该国经济的稳定程度。

习题

二、宏观经济政策目标的抉择

从根本上来说，宏观经济政策的四个目标具有一致性和互补性，但也存在着矛盾和冲突。因此，有必要在各种不同的主要经济政策目标之间进行抉择，宏观经济调控目标的选择是宏观经济政策的核心。

宏观经济政策
目标的抉择

【知识点解读】

从宏观经济政策目标的一致性和互补性看，对某一目标的追求或某一目标的实现，同时也能够促进或影响其他目标的实现，如国际收支顺差过大会增加国内货币供应量导致物价上升，就是一致性的表现；经济增长会促进就业水平的提高，就是目标互补性的表现；从宏观经济政策目标的矛盾和冲突来看，任何一种政策手段都有其副作用，对其他目标的实现产生不利的影响，如稳定物价和充分就业这两个目标之间会经常发生冲突。宏观经济政策目标选择必须考虑经济运行周期的特征和社会所面临的主要问题。

习题

【本节应掌握知识点】
- 宏观经济政策的目标有哪些
- 不同政策目标之间的关系
- 宏观经济政策目标选择的原则

第二节 财政政策

本节主要对财政政策工具、自动稳定器和相机抉择的财政政策、财政政策效应等内容进行详解。

一、财政政策工具

财政政策工具是政府为了实现既定的政策目标所选择的操作手段，主要是通过政府预算变动等调整政府的支出和收入。政府支出包括政府购买、转移支付和净利息支付等；政府收入包括税收、公债。

财政政策工具

【知识点解读】

政府购买是一种实质性支出，具有真实的产品和服务交易，能够直接形成社会总需求和购买力，成为国民收入的组成部分。转移支付是一种单项的货币性支出，其作用是通过国民收入在不同的社会成员之间进行转移和重新分配，全社会的总收入没有任何变化，它不是国民收入的组成部分。税收是国民收入的主要来源，具有三个特征：强制性、无偿性和固定性。公债的作用包括：筹集资金、弥补财政赤字和调节货币供给。

习题

二、自动稳定器和相机抉择的财政政策

自动稳定器是经济系统本身存在的一种减少对国民收入冲击和干扰的机制。主要包括三种：失业保障机制、所得税税收体系和农产品价格维持制度。相机抉择的财政政策是指政府要根据经济形势审时度势，主动采取财政措施，变动支出水平或税收水平以稳定总需求水平，使之接近物价稳定的充分就业水平，简言之，要"逆经济风向行事"。

自动稳定器
和相机抉择的
财政政策

相机抉择财政政策的指导思想是"功能财政"，即政府为了实现充分就业和通货膨胀，需要赤字就赤字，需要盈余就盈余，不要为实现财政收支平衡而妨碍财政政策的正确制定和实行。衡量财政政策方向的测度指标是充分就业预算盈余或赤字。充分就业预算盈余衡量的

习题

129

是在充分就业的收入水平或潜在产出时的预算盈余。

按照功能财政的思想，相机抉择的财政政策在实践中应用的结果是财政赤字的上升和国家债务的积累。对于政府债务，经济学家有不同的观点，典型的观点有李嘉图等价原理，即政府通过借债筹资等价于征税筹资。

【知识点解读】

自动稳定器可以起到政府稳定经济和缓和周期波动的第一道防线的作用，但作用是有限的。它只能缓和或减轻经济衰退，而不能改变经济变动的趋势。因此，政府有必要采用相机抉择的财政政策调节总需求水平以实现物价稳定和充分就业的目标。"功能财政"是指政府不能机械地运用财政预算收支平衡的观点来对待赤字和预算盈余，而应从反经济周期的需要来利用预算赤字和预算盈余。充分就业预算盈余把产出水平固定在充分就业的水平上，消除了经济周期波动对预算状况的影响，为判断财政政策方向提供了一个较为准确的依据。

三、财政政策效应

财政政策效应是政府变动收支后对总需求和国民收入产生的影响。从 IS–LM 模型看，财政政策效应是指 IS 曲线移动对国民收入变动的影响。如图 7–1 所示：IS 曲线和 LM 曲线相交于 E_0 点，决定的均衡利率和均衡国民收入分别为 r_0 和 Y_0。当政府采用扩张性的财政政策（增加政府购买、转移支付或减税），自发总需求增加，IS 曲线会向右上方移动至 IS_1，并与 LM 曲线相交于 E_1 点，决定的均衡利率和均衡国民收入分别是 r_1 和 Y_1。由于采用了扩张性的财政政策，国民收入由 Y_0 增加为 Y_1。这就是扩张性财政政策效应。同样，如果采用紧缩性的财政政策将导致国民收入的下降。财政政策效应的大小，与政府支出增加对私人消费或投资支出的影响程度有关。政府支出增加所引起的私人消费或者投资支出减少被称为"挤出效应"（见图 7–1 中的 Y_1Y_2）。

财政政策效应

习题

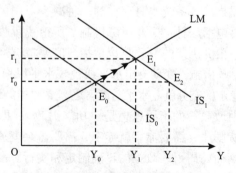

图 7–1 财政政策效应

一般地，在 LM 曲线不变时，IS 曲线平坦，即 IS 曲线斜率大，IS 曲线移动对国民收入变动的影响小，财政政策效应小；反之，IS 曲线陡峭，即 IS 曲线斜率小，IS 曲线移动对国民收入变动的影响大，故其财政政策效应大（见图 7 – 2）。对于正常 IS 曲线的既定变动，LM 曲线越平缓，扩张性财政政策引起的均衡国民收入增加越多，财政政策的效应越大；LM 曲线越陡直，扩张性财政政策引起的均衡国民收入增加越少，财政政策的效应越小（见图 7 – 3）。

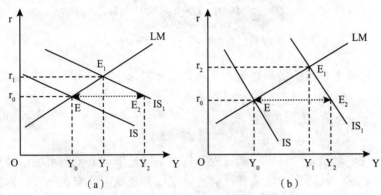

图 7 – 2　IS 曲线的斜率与财政政策效应

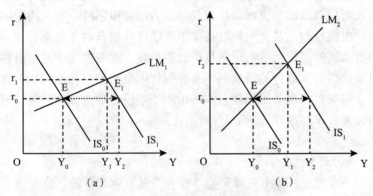

图 7 – 3　LM 曲线斜率与财政政策效应

财政政策挤出效应的大小取决于以下因素：支出乘数的大小、货币需求对产出水平的敏感程度、货币需求对利率变动的敏感程度，以及投资需求对利率的敏感程度。

【知识点解读】

财政政策的作用机制：$G\uparrow \Rightarrow AD\uparrow \Rightarrow Y\uparrow \Rightarrow L\uparrow \Rightarrow r\uparrow \Rightarrow AD(I)\downarrow$。财政政策效应和挤出效应的大小取决于 IS 曲线和 LM 曲线的斜率。

【本节应掌握知识点】
- 财政政策工具包括哪些
- 财政制度的自动稳定器功能
- 功能财政与相机抉择的财政政策
- 充分就业的预算盈余
- 利用 IS – LM 模型分析财政政策效应与挤出效应

第三节 货币政策

本节主要讨论货币政策工具和货币政策效应。

一、货币政策工具

货币政策工具

货币政策是中央银行通过控制货币供应量来调节金融市场信贷供给与利率，从而影响投资和社会总需求以实现既定的宏观经济目标的经济政策。中央银行通过公开市场业务、改变贴现率和改变法定准备率等货币政策工具来进行。公开市场业务是指中央银行在公开市场上买卖政府债券以调节货币供给与利率的货币政策手段。改变法定准备率是中央银行通过调整法定准备率以影响商业银行的准备金和货币创造乘数从而控制货币供给量的货币政策手段。改变贴现率是中央银行通过变动给商业银行的贷款利率来控制货币供给量与利率的货币政策手段。中央银行也采用其他一些货币政策手段，如选择性控制、道义劝告以及公布与指导等。

习题

【知识点解读】

公开市场业务是中央稳定经济的最灵活的政策手段，也是最常使用的一种政策手段。其传导过程为：买卖政府债券→货币供给→利率→消费与投资→产出与价格水平。改变法定准备率的货币政策是一种强有力的货币政策手段，但这种政策手段对商业银行的影响太大，不利于货币供给和经济的稳定，因此，不易经常使用。

二、基础货币、货币乘数和货币供给

基础货币、货币
乘数和货币供给

基础货币，又称高能货币，是指公众持有的现金与商业银行以非现金形式持有的准备金之和。

货币乘数又称货币创造乘数，它是指当基础货币变动一单位时，

货币供给量的变动规模。货币乘数可以用下面的公式表示：

$$\frac{M}{H}=\frac{CU+D}{CU+RE}=\frac{cu\times D+D}{cu\times D+re\times D}=\frac{cu+1}{cu+re}$$

其中，M 代表货币供给，H 代表基础货币，D 代表活期存款，CU 代表现金，RE 代表准备金，cu 代表现金—存款比例，re 代表准备金—存款比例。

【知识点解读】

货币供应量＝基础货币×货币乘数。基础货币是构成市场货币供应量的基础。货币乘数的大小取决于现金—存款比率和准备金比率，准备金比率 re 越小，货币乘数越大；流通现金—存款比率 cu 越小，货币乘数越大。货币供给的存量是由中央银行、商业性银行和公众共同决定的。

三、货币政策效应

货币政策效应是指中央银行改变货币供应量对总需求和国民收入的影响。从 IS - LM 模型看，货币政策效应是指 LM 曲线移动对国民收入变动的影响。如图 7 - 4 所示，货币供给增加，使得 Y_0 增加到 Y_1。

货币政策效应

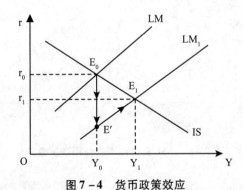

图 7 - 4 货币政策效应

货币政策效应的大小取决于 IS 曲线和 LM 曲线的斜率。

对于正常 LM 曲线的既定变动，IS 曲线越平缓，扩张性货币政策引起的均衡国民收入增加得越多，货币政策的效应越强；IS 曲线越陡直，扩张性货币政策引起的均衡收入增加得越少，货币政策的效应越弱（见图 7 - 5）。

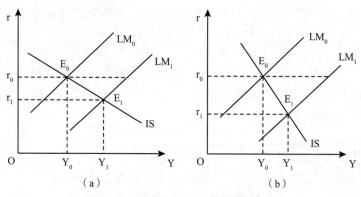

图 7 - 5　IS 曲线斜率与货币政策效应

当 IS 曲线的斜率不变，LM 曲线平坦，即曲线的 LM 斜率小，当货币供给增加时引起的利率变动较小，进而引起的投资变动也较小，最终使国民收入增加得较少，即货币政策效应小；LM 曲线陡直，即斜率大，货币供给较小变动就会引起利率的变动较小，进而引起投资的较大变动，从而使国民收入增加，即货币政策效应大（见图 7 - 6）。

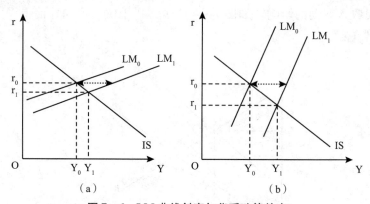

图 7 - 6　LM 曲线斜率与货币政策效应

【知识点解读】

货币政策的传递机制可以用符号来描述：

$$\frac{M}{P_0} \uparrow \Rightarrow \frac{M_1}{P_0} > \left(\frac{M}{P_0}\right)^d \Rightarrow r \downarrow \Rightarrow AD(I) \uparrow \Rightarrow Y \uparrow \Rightarrow \left(\frac{M}{P_0}\right)^d > \frac{M_1}{P_0} \Rightarrow r \uparrow$$

【本节应掌握知识点】

- 货币政策及其工具
- 货币创造乘数与货币供给的关系
- 利用 IS - LM 模型分析货币政策效应

第四节　财政政策和货币政策的局限性与协调

本节主要讨论财政政策和货币政策的局限性，在现实中二者协调使用有其客观必要性，并运用 IS－LM 模型分析两大政策的组合效应。

一、财政政策的局限性

财政政策的局限性主要表现在五个方面：财政政策的时滞、经济形势的不确定性、实施财政政策存在公众的阻力、公众预期对政策效果的影响、"挤出效应"的影响。

【知识点解读】

时滞是指财政政策在完全发挥作用达到最终目标之前存在的时间间隔，包括识别时滞、决策时滞和执行时滞。时滞的长短对财政政策的制定和效果有重大影响，且根据各种不同的政策而有所不同。政府在实施财政政策时，必须考虑其局限性及相关因素的影响，尽可能使政策效果接近目标。

二、货币政策的局限性

货币政策的局限性主要表现在三个方面：效果具有短期性、时滞和货币流通速度的变动影响。

【知识点解读】

货币政策效果在短期内可能起到刺激经济的作用，但在长期中这种刺激会失效，使得产量不变而物价上涨。货币政策时滞也是客观存在的。

三、财政政策和货币政策的协调

财政政策和货币政策相互协调有其客观必要性：一是二者最终目标一致；二是二者具有不同的作用机制；三是二者具有不同的功能；四是二者均具有一定的局限性。因此，必须把两大政策协调起来，以发挥聚合效应和互补效应。

财政政策的局限性

习题

货币政策的局限性

习题

财政政策和货币政策的协调

习题

【知识点解读】

财政政策和货币政策的具体调节目标不一致,财政政策以促进经济发展为首要目标,货币政策以货币稳定为首要目标,但二者最终目标一致。财政政策的作用机制是通过变动财政收入和支出影响总需求,货币政策则是通过货币供应量影响消费和投资。财政政策对供求数量和结构均有较强的调节作用,货币政策则侧重于调节供求总量。

财政政策和货币政策都要服从宏观经济目标,充分发挥各自优势。二者的调控方向都是反经济周期的逆向调节,以熨平经济波动,政策力度即"松紧度"的强弱是否恰当随着经济运行情况的改变可以适时调整,决定着政策调控成效的大小。

利用 IS – LM 模型分析财政政策和货币政策的协调使用。一般说来,扩张性财政政策在增加国民收入的同时会提高利率水平,产生挤出效应;扩张性货币政策在降低利率的同时会提高国民收入水平,产生通货膨胀压力。如图 7 – 7 所示,IS_1 曲线和 LM_1 曲线交于 E_1 点,相应的利率和国民收入分别为 r_1 和 Y_1,但 Y_1 不是充分就业的国民收入,充分就业的国民收入为 Y^*。为了实现充分就业,政府既可以实施扩张性的财政政策,将 IS_1 曲线向右移动,也可以实施扩张性的货币政策,将 LM_1 曲线向右移动。这两种政策都可实现充分就业,使国民收入增加为 Y^*。但只采用财政政策,需将 IS_1 曲线移至 IS_2 的位置,这时利率上升为 r_2;只采用货币政策,需将 LM_1 曲线移至 LM_2 的位置,这时利率降低为 r_3。这两种方法都会导致利率的大起大落,不利于经济的稳定。如果同时采用扩张性财政政策和扩张性货币政策,即同时将 IS_1 和 IS_2 分别移动到 IS_1' 和 LM_1' 位置,则利率 r_1 可保持不变,而国民收入可达到充分就业水平。

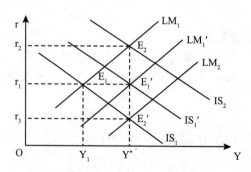

图 7 – 7　货币政策与财政政策的配合

财政政策和货币政策的混合是多种多样的,其基本组合及相应的效应如表 7 – 1 所示。

表7-1 财政政策和货币政策的配合使用

政策配合	收入	利率
扩张性财政政策与紧缩性货币政策	不确定	上升
扩张性财政政策与扩张性货币政策	增加	不确定
紧缩性财政政策与紧缩性货币政策	减少	不确定
紧缩性财政政策与扩张性货币政策	不确定	下降

【知识点解读】

选择组合使用两大政策时，首先，要考虑到主要是要刺激总需求中的哪一部分。其次，要考虑财政政策与货币政策混合使用的政策效用并进行比较分析。

【本节应掌握知识点】

- 财政政策与货币政策的局限性
- 两大政策配合使用的必要性分析
- 利用 IS-LM 模型分析两大政策的协调使用的组合效应

第五节 供给管理政策

本节主要分析通过对总供给的调节达到宏观经济目标的经济政策。供给管理政策主要包括：人力政策、收入政策和指数化政策。

一、人力政策

人力政策是通过对人力资源的优化配置，增加就业、促进经济增长的政策。人力政策的主要措施包括：一是人力资本投资；二是完善劳动力市场；三是推动劳动力在地区间的流动；四是降低最低工资标准，使技能水平较低的劳动者能够获得就业机会。

人力政策

【知识点解读】

人力政策的理论基础是人力资本理论和新古典综合派的就业理论。人力政策形成的客观条件：一是劳动力结构自身的因素；二是经济结构变化的因素；三是劳动力市场信息不对称；四是新加入劳动力市场的劳动者会由于熟练程度不足或不适应现有的经济结构而失业。

习题

137

收入政策

二、收入政策

收入政策是政府通过某种行政措施强制性或非强制性地限制工资和价格的政策，又称为工资和物价控制政策，其目的是制止工资成本推动的通货膨胀。主要类型有四种：一是工资—物价指导线；二是工资—物价冻结；三是对特定工资或物价进行"权威性劝说"或施加政府压力；四是以税收政策对工资增长率进行调整。

习题

【知识点解读】

收入政策的理论基础是成本推动的通货膨胀理论。但是，利用收入政策对付通货膨胀的效果并不理想，它只是一个补充的政策。

三、指数化政策

工资指数化是指根据通货膨胀率来调节工资，把货币工资增长率与物价上涨率联系在一起，使它们同比例变动。税收指数化是指在通货膨胀、支出水平以及工资福利水平随经济发展而变化的情况下，对税制的某些要素进行相应的调整，以避免名义减除标准或税率档次爬升的问题。利率指数化是指根据通货膨胀率来调整名义利率，以保持实际利率不变。

指数化政策

【知识点解读】

以上指数化政策虽然在一定程度上可以削弱通货膨胀对经济的消极影响，有利于社会稳定，但由于实施起来较为困难，有时可能存在加剧通货膨胀的危险。

习题

【本节应掌握知识点】
- 供给管理政策的含义
- 供给管理政策的种类

本章练习题

一、单项选择题

1. （　　　）是指一切生产要素都有机会以自己愿意接受的报酬参与生产的状态。

单项选择题解析

A. 充分就业 　　　　　　　B. 机会成本

C. 生产可能性边界 　　　　D. 边际产量

2. 政府的财政收入政策通过（　　）对国民收入产生影响。

A. 政府转移支付 　　　　　B. 政府购买

C. 消费支出 　　　　　　　D. 出口

3. 扩张性财政政策对经济的影响是（　　）。

A. 缓和了经济萧条但增加了政府债务

B. 缓和了经济萧条也减轻了政府债务

C. 加剧了通货膨胀但减轻了政府债务

D. 缓和了通货膨胀但增加了政府债务

4. 紧缩性货币政策会导致（　　）。

A. 减少货币供给量，利率降低

B. 增加货币供给量，利率降低

C. 减少货币供给量，利率提高

D. 增加货币供给量，利率提高

5. 中央银行降低再贴现率会使银行准备金（　　）。

A. 增加 　　　　　　　　　B. 减少

C. 不变 　　　　　　　　　D. 以上几种情况都可能

6. 中央银行在公开市场上买进和卖出各种有价证券的目的是（　　）。

A. 调节价格水平 　　　　　B. 实现利润最大化

C. 调节货币供给量 　　　　D. 调节债券价格

7. 假定 IS 曲线和 LM 曲线的交点所表示的均衡的国民收入低于充分就业的国民收入，根据 IS–LM 模型，如果不让利率上升，政府应该（　　）。

A. 增加投资

B. 增加投资的同时增加货币供给

C. 减少货币供给量

D. 在减少投资的同时减少货币供给

8. 若同时使用紧缩性的财政政策和紧缩性的货币政策，其经济后果可能是（　　）。

A. 利率上升，产出变化不确定

B. 利率下降，产出变化不确定

C. 产出减少，利率变化不确定

D. 产出增加，利率变化不确定

9. 在 LM 曲线和 IS 曲线非极端的情况下，若 IS 曲线不变，LM 曲线的弹性大，则（　　）。

A. 财政政策的效果好

B. 货币政策的效果好

C. 财政政策和货币政策的效果一样好

D. 无法确定

10. 许多经济学家认为，有时减税不能有效地增加经济活动，以下选项中哪项是不支持这一观点的理由（   ）。

A. 人们会关心未来的前景，因此会将原来用于支付税收的钱用于储蓄

B. 人们不相信减税是永久的，所以对永久性收入几乎没有影响，从而对当前消费也几乎没有影响

C. 假如经济处在衰退中，人们将受到信贷限制，所以减税很快会转变为额外的消费

D. 政府不得不通过借贷来为减税筹资，这将挤占私人投资

二、多项选择题

多项选择题解析

1. 宏观经济政策的目标是（   ）。

A. 充分就业   B. 物价稳定

C. 经济增长   D. 国际收支平衡

2. 属于自动稳定器的项目有（   ）。

A. 政府购买   B. 税收

C. 政府转移支付   D. 政府公共支出

3. 影响货币政策效应的主要因素有（   ）。

A. 边际消费倾向的大小 B. 投资需求对利率的反应程度

C. 挤出效应的大小   D. 货币需求对利率的反应程度

4. 假定某封闭经济的边际消费倾向为 0.8，边际税率为 0.25，那么，政府（   ）可以将 IS 曲线向右移动 1000 亿元。

A. 增加政府购买 200 亿元 B. 增加政府购买 400 亿元

C. 减税 250 亿元   D. 减税 500 亿元

5. 下列叙述正确的是（   ）。

A. 在古典情况下挤出效应最大

B. 在流动性陷阱中挤出效应不存在

C. 凯恩斯学派认为要对付经济萧条宏观财政政策比宏观货币政策更有效

D. 如果利率水平处在流动性陷阱，货币政策是无效的

6. 在经济萧条时，政府应该（   ）。

A. 扩大对产品和劳务的购买 B. 增加转移支付

C. 增加税收   D. 增加投资津贴

7. 货币乘数的大小与多个变量有关，这些变量是（   ）。

A. 法定准备金率   B. 现金 – 存款比例

C. 超额准备金 　　　　　　　D. 市场利率

8. 假如中央银行在公开市场上大量购买政府债券，会出现哪种情况（ 　　）。

A. 利率下降 　　　　　　　　B. 利率上升

C. 收入增加 　　　　　　　　D. 投资增加

9. 在经济过热时，政府应该（ 　　）。

A. 减少政府财政支出 　　　　B. 增加财政支出

C. 增加税收 　　　　　　　　D. 减少货币供应量

10. 以下混合政策效应正确的是（ 　　）。

A. 扩张性财政政策和紧缩性货币政策使利率下降

B. 紧缩性财政政策和紧缩性货币政策使产出减少

C. 紧缩性财政政策和扩张性货币政策使利率上升

D. 扩张性财政政策和扩张性货币政策使产出增加

三、简答题

1. 财政政策的工具有哪些？

2. 中央银行的货币政策工具有哪些？

3. 什么是斟酌使用的财政政策？

4. 为什么凯恩斯主义强调财政政策的作用？

简答题解析

四、计算题

1. 假定一经济中有以下关系：

$L = 0.20Y - 10r$，$M = 200$，$C = 60 + 0.8Y_d$，$T = 100$，$I = 150$，$G = 100$。（单位：亿美元）

（1）求 IS 和 LM 方程。

（2）求均衡收入、利率和投资。

计算题解析

（3）政府支出从 100 亿美元增加到 120 亿美元时，均衡收入、利率和投资有何变化？

（4）是否存在挤出效应？

2. 假定一经济中有以下关系：

$L = 0.2Y$，$M = 200$，$C = 100 + 0.8Y_d$，$I = 140 - 5r$。（单位：亿美元）

（1）求 IS 方程和 LM 方程。

（2）若货币供给从 200 亿美元增加 220 亿美元，LM 曲线如何移动？均衡收入、利率、投资和消费各为多少？

（3）为什么均衡收入增加量等于 LM 曲线移动量？

3. 假设某经济的社会消费函数 $C = 300 + 0.8Y_d$，私人意愿投资 $I = 200$，税收函数 $T = 0.2Y$（单位为亿美元）。试求：

（1）均衡收入为 2000 亿美元时，政府支出（不考虑转移支付）必须是多少？预算盈余还是赤字？

（2）政府支出不变，而税收提高为 $T = 0.25Y$，均衡收入是多少？这时预算将如何变化？

五、分析题

分析题解析

1. 为什么财政政策和货币政策可以用来调节经济？

2. 如何运用财政政策和货币政策的搭配来解决"滞涨"问题。

3. 假定经济期初处于充分就业状态，现在政府要改变总需求结构，增加私人投资而减少消费支出，但不改变总需求水平，试问应当实行一种什么样的混合政策，请用 IS – LM 图形表示这一政策建议。

第八章
经 济 增 长

学习目标

通过本章的学习，学生应理解：

- 经济增长与经济发展的区别，经济增长的事实
- 无技术进步的新古典增长模型
- 无技术进步的新古典增长模型的比较静态分析
- 有技术进步的新古典增长模型
- 内生增长理论模型
- 经济增长核算

本章概要

经济增长是长期的宏观经济问题，也是经济学最古老的议题之一。为了阐明经济增长是如何被决定的这一问题，本章首先阐述经济增长的事实，并讨论经济增长的决定因素；其次通过新古典增长模型，基于无技术进步和有技术进步两种情形，解释经济是如何达到稳态并保持增长；再次在新古典增长模型基础上，介绍内生增长理论对经济增长的解释；最后基于经济增长核算方程，讨论促进经济增长的政策。与前面章节从需求的角度出发不同，本章作为全书的最后一章，从供给的视角研究在更长期的时间内经济是如何增长的。

本章知识逻辑结构图

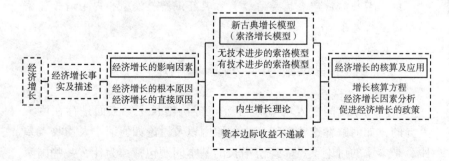

第一节　经济增长的描述和事实

讨论如何促进一个国家或地区经济增长，首先要明晰经济增长的相关概念和描述。本节主要针对经济增长与经济发展的概念辨析、经济增长的代数表达以及经济增长事实三个方面，全面阐述经济增长这一核心概念。

一、经济增长与经济发展的概念

经济增长与经济发展的概念

经济增长一般是指产量的增加，而经济发展不仅包括经济增长，还包括国民生活质量，以及整个经济社会各个方面的进步。

【知识点解读】

经济增长是一个"量"的概念，而经济发展是一个"质"的概念。经济发展关注的问题不仅仅是经济增长，还有经济社会中环境、医疗、安全、科技创新等各种问题。

二、经济增长的描述

习题

经济增长是一个量的变化，所以可以用数学表达的方式来定义经济增长。

$$g_Y = \frac{Y_t - Y_{t-1}}{Y_{t-1}} \quad （总产出增长率）$$

$$g_y = \frac{y_t - y_{t-1}}{y_{t-1}} \quad （人均产出增长率）$$

经济增长的描述

【知识点解读】

经济增长的数学表达是后续新古典经济增长模型和内生增长理论模型的分析基础。

三、经济增长的事实和基本问题

经济增长的事实和基本问题

不同国家之间在人均 GDP 水平、经济增长率等方面是存在巨大差异的，如何解释这些差异产生的原因以及讨论如何缩小人均收入差距，是本章的讨论重点。经济增长的基本问题包括：为什么一些国家如此富裕，而另外一些国家那么贫穷？什么是影响经济增长的因素？怎样理解一些国家和地区的增长奇迹？

习题

【知识点解读】

"中等收入陷阱"是一个国家在经济增长过程中容易出现的问题。即当一个国家发展到中等收入阶段时，如何继续保持经济增长，避免出现劳动力成本过高，但高端技术水平又不足以与富裕国家竞争的局面。

【本节应掌握知识点】

- 经济增长的含义
- 经济发展的含义
- 经济增长的数学表达形式
- 经济增长的基本问题

第二节　经济增长的决定因素

在明确经济增长的概念及事实后，就需要探讨一个问题，即什么因素导致了经济的增长，为什么会出现不同国家经济增长情况不平衡的现象。基于这一问题，本节讨论了经济增长的动力是什么，而这些动力又是如何产生的。

一、经济增长的直接原因

影响经济增长的直接因素主要包括技术水平 A、要素投入 K 和人力资本 N。

$$Y = AF(N,\ K)$$

经济增长的直接
原因

【知识点解读】

经济增长的直接原因由一定条件下生产能力所决定，一般用宏观生产函数描述生产能力。

二、经济增长的根本原因

经济增长的根本原因与导致经济增长的直接原因有所差别。例如，为什么不同国家之间要素积累的速度不一样，技术进步的进程不

习题

145

经济增长的根本
原因

一致？这些根本原因主要包括制度、文化和地理等因素。

【知识点解读】

含有根本因素的宏观生产函数可以描述为：

$$Y = Y(f) = A(f)F[N(f), K(f)]$$

【本节应掌握知识点】

- 影响经济增长的直接因素
- 影响经济增长的根本因素

习题

第三节　新古典增长模型

从动态分析的角度，借助新古典增长模型（neoclassical growth model）解释在一个没有政府部门的经济体中，经济增长是如何被决定及解释的。

一、新古典增长模型的基本假定

新古典增长模型的基本假设包括以下几点。

（1）经济体只生产一种商品，产品既用于投资，也用于消费。

（2）经济体是封闭两部门经济。

（3）生产的规模报酬不变。

（4）储蓄率、技术进步、人口增长和资本折旧速率是外生因素决定的。

（5）资本的边际报酬是递减的。

新古典增长
模型的基本假定

【知识点解读】

生产的规模报酬不变是指在技术水平和要素价格不变的条件下，当所有要素按照同一比例变动时，产量也会改变同样比例。

二、无技术进步的新古典增长模型的构建

无技术进步的新古典增长
模型的
构建

无技术进步的生产函数的形式为：

$$Y = F(N, K) \quad （总量形式）$$
$$y = f(k) \quad （人均形式）$$

146

【知识点解读】

人均产出 y = 总产量 Y／人口数 N

三、无技术进步的新古典增长模型的稳态条件

新古典增长模型中经济达到稳态时的条件为：

$$sf(k) = (g_n + \delta)k$$

此时，人均资本的变化为：

$$\Delta k = sf(k) - (g_n + \delta)k = 0$$

其中，$sf(k)$ 表示人均投资，当其增加时，表示人均资本的增加，称为资本深化。$(g_n + \delta)k$ 中，n 表示人口的增长率，δ 表示折旧率，这一部分可以看作为使人均资本保持不变所必须进行的投资，称为资本广化。资本深化与资本广化的关系如表 8 - 1 所示。

习题

无技术进步的新
古典增长模型的
稳态条件

表 8 - 1	资本深化与资本广化关系
$sf(k) > (g_n + \delta)k$	人均资本变化量为正，资本存量增加
$sf(k) = (g_n + \delta)k$	人均资本存量保持不变，人均投资全部用于资本广化
$sf(k) < (g_n + \delta)k$	人均资本变化量为负，资本存量减少

【知识点解读】

资本深化与资本广化之间的关系为：资本深化 = 人均储蓄（投资）- 资本广化

四、无技术进步的新古典增长模型的稳态增长率

当经济达到稳态后，人均资本和人均产量不再发生变化，其增长率为 0；而总资本和总产出还在持续增加，其达到稳态后的增长率由人口的增长速度 g_n 决定。

无技术进步的新
古典增长模型的
稳态增长率

【知识点解读】

经济达到稳态时，并不意味着此时经济停止增长，而是指人均产出和人均资本水平保持不变。

五、无技术进步的新古典增长模型的比较静态分析

在理解新古典增长模型的基础上，可以利用新古典增长模型来解

无技术进步的新
古典增长模型的
比较静态分析

释第二节提出的一些有关经济增长方面的问题。

第一个是解释储蓄率发生改变时，经济增长的稳态水平会如何变化，其静态变化如图 8 - 1 所示。

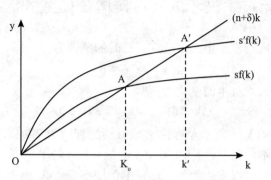

图 8 - 1 新古典增长模型的图形表示

储蓄率的增加不会影响稳态增长率，但能提高收入的稳态水平。其动态变化过程如图 8 - 2 所示。

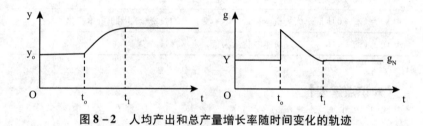

图 8 - 2 人均产出和总产量增长率随时间变化的轨迹

第二个是人口增长率发生变化时，经济稳态会如何变化。

当人口增长率提高时，一方面人口增长率的增加会降低人均资本的稳态水平；另一方面人口增长率的上升提高了总产量的稳态增长率。其动态变化过程如图 8 - 3 所示。

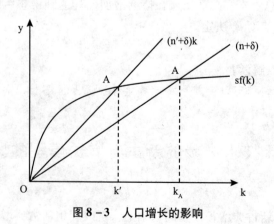

图 8 - 3 人口增长的影响

【知识点解读】

利用无技术进步的新古典增长模型，可以清晰地解释有不同储蓄率或不同人口增长率的两个国家为何会出现收入差距。

新古典增长模型的应用：对增长率差异的解释，如图 8 - 4 所示。

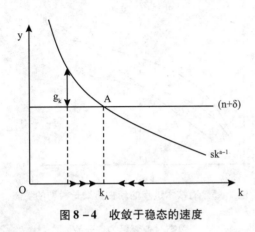

图 8 - 4　收敛于稳态的速度

一个国家的初始人均资本比其稳态水平低得越多，则经济增长得越快。

六、无技术进步的新古典增长模型主要结论

第一，如果两个国家的储蓄率（或投资率）相似，但初始人均资本（或初始人均收入）不同，那么初始人均资本较低的那个国家将有较高的经济增长。

第二，如果两个国家的初始人均资本相同，但是投资率不同，那么投资率高的那个国家将具有较高的经济增长。

第三，较高的人口增长率会降低人均稳态产出水平。

七、黄金律

当一个储蓄率水平使得稳态的人均消费为最大值时，此时对应的人均资本水平被称为资本的黄金率水平。

八、有技术进步新古典增长模型的构建

将技术进步引入增长模型，生产函数可以表示为：

$$Y = F(AN, K)$$

图 8 - 5 给出了引入技术进步的新古典增长模型的稳态分析图。

无技术进步的
新古典增长模型
主要结论

黄金律

习题

有技术进步
新古典增长
模型的构建

149

【知识点解读】

这类技术进步被称为劳动增强型技术进步，将 AN 定义为有效劳动。此时 $\hat{y} = Y/AN$ 表示有效劳动人均产出。此时 3 个重要变量的稳态增长率如表 8 – 2 所示。

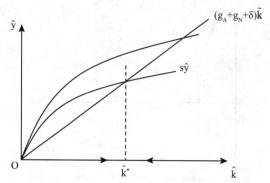

图 8 – 5　有技术进步的新古典增长模型的稳态

表 8 – 2　　　　　　　　　稳态时各变量的增长率

A 的增长率	g_A
N 的增长率	g_N
AN 的增长率	$g_A + g_N$

【本节应掌握知识点】

- 无技术进步和有技术进步的新古典增长模型设定
- 新古典增长模型的稳态条件
- 新古典增长模型稳态时主要经济变量的增长率
- 新古典增长模型的应用

第四节　内生增长理论

新古典增长模型用技术进步解释经济增长，但是将技术进步视为外生给定因素，无法解释技术进步的原因。所以人们进行了进一步探索，建立了内生增长理论模型。与新古典增长模型不同的是，内生增长理论认为资本的边际报酬是不变的。

一、新古典增长模型的缺陷

新古典增长模型自身不能解释技术进步受何种因素影响，更无法解释具有相似条件的国家所表现出的增长差异。

二、内生增长理论的基本模型

内生增长理论认为，资本的边际报酬是不变的，技术是内生的。所以在内生理论中，经济是没有稳态的。用 s 表示储蓄率，δ 表示折旧率，A 表示一单位资本所生产的产出量，此时产出的增长率可以表示为：

$$\frac{\Delta Y}{Y} = sA - \delta$$

内生增长理论的
基本模型

【知识点解读】

内生增长理论之所以认为资本的边际报酬不变，主要是因为经济中除了实物资本还有舒尔茨提出的人力资本。人力资本的边际报酬有可能递增，所以如果实物资本存量和人力资本存量同时增加，资本的边际产量很可能就不会下降。

习题

【本节应掌握知识点】
- 内生增长理论与新古典增长模型的区别

第五节 增长核算

增长核算方程

一、增长核算方程

$$\frac{\Delta Y}{Y} = \alpha\,\frac{\Delta N}{N} + \beta\,\frac{\Delta K}{K} + \frac{\Delta A}{A}$$

即，产出增长 = 劳动份额 × 劳动增长率 + 资本份额 × 资本增长率 + 技术进步率

习题

【知识点解读】

经济增长的源泉可归结为生产要素的增长和技术进步。其中，$\Delta A / A$ 也被称为索洛余值。

二、经济增长因素分析

对更为广泛的影响因素进行核算的生产方程为：

$$Y_t = F(K_t,\ R_t,\ N_t,\ A_t,\ S_t)$$

经济增长因素
分析

习题

其中，K_t、R_t 和 N_t 分别表示总资本存量、自然资源和劳动投入；A_t 表示该经济应用知识的储量；S_t 表示"社会文化环境"等基本因素。

【知识点解读】

该生产方程包括了经济增长的直接原因和基本原因，其中 S_t 反映了经济增长的基本原因。

丹尼森将导致经济增长的因素分为六大类：劳动、资本存量的规模、资源配置状况、规模经济、知识进展，以及其他影响单位投入产量的因素。

【本节应掌握知识点】
- 增长核算方程
- 促进经济增长的因素

第六节　促进经济增长的政策

促进经济增长的政策

促进经济增长的政策如表 8-3 所示。

表 8-3　　　　　　　　　　促进经济增长的政策

鼓励技术进步	专利制度保护； 教育投资； 税收法规，为进行技术研究开发的企业提供优惠等
鼓励资本形成	鼓励储蓄和投资
增加劳动供给	可以通过减税激励人们进行工作； 提供相应的教育培训，提升人力资本
建立适当制度	制度是支配一个社会的组织方式的规则

习题

【本节应掌握知识点】
- 依据可以促进经济增长的因素，提出相应的政策建议

本章练习题

单项选择题解析

一、单项选择题

1. 经济增长的基本特征是（　　　）。

A. 技术进步   B. 国民生产总值增加

C. 制度存在优势   D. 财政收入占 GDP 比重提高

2. 根据索洛模型, 一个经济体稳态时总产出增长率有所降低, 可能的原因是 ( )。

A. 通货膨胀率上升   B. 储蓄率下降

C. 人口增长速度加快   D. 人口增长速度降低

3. 内生增长理论认为 ( )。

A. 技术是内生的   B. 技术是外生的

C. 技术水平不变   D. 对技术水平不做考虑

4. 依据索洛模型, 一国人口增长率的增加, 从长远来看可能会 ( )。

A. 提高该国总产出的增长率   B. 提高该国人民的生活水平

C. 增加该国的储蓄率   D. 促进该国技术进步

5. 下面哪一项不会直接影响长期生活水平 ( )。

A. 储蓄率   B. 人口增长率

C. 折旧率   D. 资本存量水平

6. 在索洛模型中, 不属于外生变量的是 ( )。

A. 技术进步速率   B. 储蓄率

C. 人口增长率   D. 资本劳动比率

7. 以下哪一种说法有误 ( )。

A. 技术进步将提高人民的长期生活水平

B. 人口增长率的降低将提高人民的长期生活水平

C. 经济运行达到了稳态后, 人均收入仍将不断增长

D. 经济运行达到了稳态后, 资本总量仍将不断增长

8. 关于经济发展的说法, 哪一项是错误的 ( )。

A. 生态环境的改善是经济高质量发展的重要内容

B. 科技进步是经济发展的重要内容

C. 经济发展的唯一内容就是经济增长

D. 衡量经济发展水平的标准之一是人均 GDP

9. 索洛增长模型达到稳态且储蓄率为黄金率时, 下列哪一项一定是正确的 ( )。

A. 此时的人均产出仍然在继续增长

B. 此时的人均消费量相比其他的储蓄率水平是最高的

C. 此时的人均产出相比其他的储蓄率水平是最高的

D. 此时的总人口增长率达到最高

10. 假设某国经济的生产函数为柯布道格拉斯生产函数, 劳动报酬份额为 0.6, 资本报酬的份额为 0.4。此时资本存量的增长率为 1%, 劳动力增长率为 2%, 全要素的增长率为 1.5%, 实际产出的增

长率为（　　）。

A. 4.5%　　　　　　　　B. 3.1%

C. 2.6%　　　　　　　　D. 2.9%

二、判断题

判断题解析

1. 人口增长率的增加将使人均稳态资本存量减少。（　　）

2. 当一个经济体发生不利的供给冲击时，黄金率资本存量将增加。（　　）

3. 一国的长期经济增长水平取决于该国的总储蓄率。（　　）

4. 人口增长率的增加将使稳态时的总产出增长率提高。（　　）

5. 技术进步将降低稳态时劳动者获得的收入。（　　）

6. 如果两个国家初始人均资本相同，投资率高的国家具有较高的经济增长。（　　）

7. 内生增长理论认为技术是内生的。（　　）

8. 丹尼森认为，知识进展是发达国家最重要的增长因素。（　　）

9. 一个国家的文化因素是其经济增长的直接原因。（　　）

三、计算题

计算题解析

1. 假设生产函数为 $y = f(k) = k - 0.5k^2$，如果人均产出储蓄率 $s = 0.4$，人口增长率 n 是 0.2%，求：

（1）稳态时人均资本水平为多少？

（2）此时满足黄金分割率所要求的人均资本水平为多少？

2. 新古典增长模型中，人均生产函数为 $y = f(k) = 2k - 0.5k^2$，人均储蓄率为 0.2，人口增长率为 0.05，资本折旧率为 0.05，求：

（1）使经济达到稳态时的 k 值和 y 值。

（2）稳态时的人均储蓄是多少？

四、分析题

分析题解析

1. 二战后，一些国家出现了趋同现象（初始产出水平不同的经济，逐渐增长到相同的生活标准），这种趋同现象是绝对的吗？索洛增长模型能否解释这一现象？

2. 什么是内生增长？说明内生增长模型与新古典增长模型有何不同？请阐述内生增长理论能解释增长率的国际差异吗？

3. 发展中国家提升本国人均收入水平的一种方式是鼓励民众进行储蓄，从索洛模型的角度解释这样做的原因。

参 考 文 献

[1]《西方经济学》编写组. 西方经济学（第二版）下册［M］. 北京：高等教育出版社，2019.

[2] 张远超，等. 宏观经济学（第四版）［M］. 北京：经济科学出版社，2014.

[3] 布兰查德. 宏观经济学（原书第 5 版·升级版）［M］. 楼永，张远超，译. 北京：机械工业出版社，2013.

[4] 齐行祥. 西方经济学实验［M］. 北京：经济科学出版社，2020.

[5] 周宁，孟祥仲. 宏观经济学学习指导［M］. 北京：经济科学出版社，2007.

[6] 丛屹. 西方经济学学习指导与精粹题解［M］. 北京：清华大学出版社，2019.

[7] 文建东.《西方经济学》精要与案例解析［M］. 北京：高等教育出版社，2019.

[8] 金圣才. 西方经济学宏观部分笔记和习题详解（第四版）［M］. 北京：中国石化出版社，2007.

[9] 高鸿业，等. 西方经济学宏观部分（第八版）［M］. 北京：中国人民大学出版社，2021.

[10] 张顺，等. 宏观经济学习题集（第三版）［M］. 北京：人民大学出版社，2021.

[11] 王晓，李佳. 西方经济学辅导及习题精解［M］. 合肥：安徽人民出版社，2017.